非遗「走出去」
现状分析与未来路径

李清霞 主编

北京出版集团
北京出版社

编委会

主　　编　李清霞
副 主 编　杨 钢
编　　委（按姓氏笔画排序）
　　　　　申慧娟　李　尚　李清霞　杨　钢
　　　　　陈高潮　赵　宁　黄雯雯　阎珊珊
　　　　　董维东　蒋　多
撰　　稿　蒋　多　杨　矞　胥　迪　于　蕊
　　　　　杨　超　申慧娟　张志秀　周护杏
　　　　　杨　钢　雒晓雯
摄影摄像　蒋振东　吕泽华　杨　琢　焦芳莹

编写说明

中华优秀传统文化在世界民族文化之林中占据举足轻重的地位，产生积极影响，广受世界各国人民的喜爱。2000年，党中央提出"走出去"战略，明确指出"文化走出去"的交流目标。习近平总书记强调："要更好推动中华文化走出去，以文载道、以文传声、以文化人，向世界阐释推介更多具有中国特色、体现中国精神、蕴藏中国智慧的优秀文化。"非物质文化遗产（本书简称"非遗"）是中华优秀传统文化的活态实践，非遗保护、传承、"走出去"是"文化走出去"战略的重要一环。2003年，联合国教科文组织发布《保护非物质文化遗产公约》。2011年，我国颁布《中华人民共和国非物质文化遗产法》。党中央的战略部署，习近平总书记的重要讲话精神，《保护非物质文化遗产公约》《中华人民共和国非物质文化遗产法》的颁布，为我国非遗更好地保护、传承、走向世界指明了方向，提供了坚实保障。

本书是《非遗"走出去"现状分析与未来路径》课题转化的成果。主编李清霞在担任北京出版集团副总编辑、总编辑期间，长期分管编辑出版业务、图书对外推广工作，策划、组织出版了一系列列入国家级重点出版规划项目的文化艺术精品，并实现较好的版权贸易成果。她在工作中发现，虽然我国的非遗保护、传承、"走出去"日见成效，但相关历史、现状、成果、经验、问题分析的系统性整理和研究尚属空白。为了系统研究非遗"走出去"工作，她申请设立了《非遗"走出去"现状分析与未来路径》课题,组织知名文化学者、非遗研究专家、资深出版人、版权贸易经理等成立课题组,学习国家关于非遗保护、传承及"走出去"相关政策,查阅大量文献资料,采访数十家非遗传承保护机构、数十位非遗传承人。在广泛调研的基础上,课题从多角度研究分析非遗文化、非遗项目、非遗传承人、非遗图书等"走出去"的现状,探索非遗"走出去"的未来路径,拓宽非遗图书的出版思路,并用文字、数据、图片、视频等多种形式全面展示课题研究成果。

在课题成果转化为图书的过程中,主编多次主持召开编委会,认真讨论并确立本书的章节结构、编写体例,审核修改样张、书稿,审读修改校样,直至书稿质量达到精品出版物要求。

本书共分为四章。第一章非遗"走出去"概论,以非遗"走出去"的传播视角,结合政府机构和《中国非物质文化遗产保护发展报告》的权威统计数据及媒体有关报道,梳理近20年非遗"走出去"总体情况和基本现状,剖析存在的问题和不足,为推动非遗"走出去"提出具有参考价值的建议。本章由赵宁牵头,蒋多、胥迪、杨裔撰稿。第二章非遗项目及非遗传承人"走出去"实例分析,选取京剧等5个国家级非遗代表性项目,梳理非遗项目"走出去"的历程、现状、途径,总结非遗传承人对非遗"走出去"的实践、思考,为非遗项目有针对性地"走出去"提供借鉴。本章由黄雯雯牵头,蒋振东、于蕊、杨超、谢辉实地采访,杨超、于蕊撰稿。第三章非遗类图书出版及"走出去"现状分析,通过对国家级出版"走出去"项目及出版单位"走出去"成功案例的分析,概括非遗类图书"走出去"的现状、特点及当前存在的问题，深入探讨非遗类图书"走出去"路径。本章由申慧娟牵头，申慧娟、张志秀、周护杏撰稿。第四章非遗类图书出版工作探微，阐明非遗类图书怎样规划选题、培育作者、审校把关、设计创新、营销推广，并反映图书生产的一般规律，对于图书的创作、生产、营销，具有重要的指导意义。本章由杨钢牵头，杨钢、雒晓雯撰稿。主编、副主编对全部书稿进行数次修改、审校。

在课题调研和图书编写过程中，得到相关非遗机构、非遗传承人、北京出版集团各出版单位编辑的鼎力支持，在此一并表示衷心感谢。

非遗"走出去"是加强中华文化传播力、提升中华文化影响力、推动文明交流互鉴的重要形式，是讲好中国故事、传播好中国声音、向世界展现真实立体全面的中国的重要途径。希望本书的出版，能够填补非遗"走出去"研究空白，对推动非遗乃至中华优秀传统文化更精准地走向世界，具有重要参考价值。由于水平和占有资料所限，本书难免存在谬误之处，欢迎方家指正。

目录

第一章
非遗"走出去"概论

一、非遗"走出去"的概念与背景 ———————————— 4
（一）非遗与非遗"走出去"的概念 ———————————— 4
（二）非遗"走出去"的时代背景 ———————————— 10

二、非遗"走出去"的现状 ———————————————— 20
（一）非遗"走出去"的主体 ———————————————— 20
（二）非遗"走出去"的渠道 ———————————————— 21
（三）非遗"走出去"的方式与效果 ———————————— 30

三、非遗"走出去"的问题与建议 ———————————— 45
（一）非遗"走出去"的问题 ———————————————— 45
（二）非遗"走出去"的建议 ———————————————— 51

四、非遗"走出去"的未来路径 ———————————— 57
（一）依托新媒体优势，构建立体传播路径 ———————— 57
（二）把握国际话语受众特点，精准传播中国非遗故事 —— 58
（三）乘"一带一路"战略东风，推动非遗"走出去"
双向交流与对话 ———————————————————— 59
（四）实施内外部传承策略，提升非遗"走出去"的传播成效 —— 61

第二章

非遗项目及非遗传承人"走出去"实例分析

一、景泰蓝制作技艺及其传承人"走出去"的实例分析 …… 67
（一）景泰蓝制作技艺"走出去"的历程及现状 …… 68
（二）景泰蓝制作技艺"走出去"的途径 …… 71
（三）景泰蓝制作技艺"走出去"的政策支持 …… 74
（四）景泰蓝制作技艺传承人钟连盛"走出去"的实践 …… 75
（五）对景泰蓝制作技艺及其传承人"走出去"的思考 …… 78

二、京剧及其传承人"走出去"的实例分析 …… 80
（一）京剧"走出去"的历程及现状 …… 81
（二）京剧"走出去"的途径 …… 84
（三）京剧"走出去"的政策支持 …… 88
（四）京剧传承人张四全"走出去"的实践 …… 88
（五）对京剧及其传承人"走出去"的思考 …… 92

三、蓝印花布印染技艺及其传承人"走出去"的实例分析 …… 94
（一）蓝印花布印染技艺"走出去"的历程及现状 …… 94
（二）蓝印花布印染技艺"走出去"的途径 …… 97
（三）蓝印花布印染技艺"走出去"的政策支持 …… 101
（四）蓝印花布印染技艺传承人吴元新"走出去"的实践 …… 103
（五）对蓝印花布印染技艺及其传承人"走出去"的思考 …… 104

四、京作硬木家具制作技艺及其传承人"走出去"的实例分析 108
（一）京作硬木家具制作技艺"走出去"的历程及现状 …… 110
（二）京作硬木家具制作技艺"走出去"的途径 …… 112
（三）京作硬木家具制作技艺"走出去"的政策支持 …… 115
（四）京作硬木家具制作技艺传承人刘更生"走出去"的实践 …… 116
（五）对京作硬木家具制作技艺及其传承人"走出去"的思考 …… 117

五、水族马尾绣及其传承人"走出去"的实例分析 …… 119
（一）水族马尾绣"走出去"的历程及现状 …… 120
（二）水族马尾绣"走出去"的途径 …… 122
（三）水族马尾绣"走出去"的政策支持 …… 124
（四）水族马尾绣传承人韦桃花"走出去"的实践 …… 125
（五）对水族马尾绣及其传承人"走出去"的思考 …… 126

第三章

非遗类图书出版及"走出去"现状分析

一、非遗类图书出版的现状与特点 ·········· 130
- （一）非遗类图书出版的现状 ·········· 130
- （二）非遗类图书出版的特点 ·········· 133

二、非遗类图书"走出去"的背景与意义 ·········· 136
- （一）响应国家号召，落实"走出去"政策的生动实践 ·········· 136
- （二）传承中华优秀传统文化，讲好中国故事的重要途径 ·········· 138
- （三）满足海外读者文化需求，回应国际社会关切的时代要求 ·········· 140

三、非遗类图书"走出去"的概况与特点 ·········· 141
- （一）非遗类图书"走出去"的概况 ·········· 141
- （二）非遗类图书"走出去"的特点 ·········· 151

四、非遗类图书"走出去"存在的问题 ·········· 154
- （一）展现方式受限，内容单一 ·········· 154
- （二）内容偏深邃的非遗类图书，尚难融入海外市场 ·········· 155
- （三）翻译难度大，质量参差不齐 ·········· 156
- （四）国际传播壁垒较高，刻板印象较难打破 ·········· 157

五、非遗类图书"走出去"的建议 ·········· 158
- （一）集中优势，突破非遗类图书"走出去"的局限 ·········· 158
- （二）强强联合，推动品种丰富的非遗类图书融入海外市场 ·········· 159
- （三）打造专业化翻译团队，确保非遗类译著质量 ·········· 161
- （四）提升内容品质，突破国际传播壁垒 ·········· 162
- （五）拥抱新技术，数字赋能非遗类图书 ·········· 163

第四章

非遗类图书出版工作探微

一、选题及选题规划，是做好出版工作的根本 —— 166
　（一）梳理信息，打牢基础 —— 167
　（二）拟订方案，务求周密 —— 169
　（三）严格论证，具体可行 —— 171

二、优质作者队伍，是打造精品的前提 —— 172
　（一）精挑细选，找对作者 —— 173
　（二）充分沟通，深交作者 —— 177
　（三）密切配合，服务作者 —— 180

三、审校制度，是确保书稿质量的关键 —— 182
　（一）审稿遵规，严格落实 —— 183
　（二）宏观揽总，微观细斟 —— 184
　（三）编校相依，同源同归 —— 186

四、整体设计，是提升图书可读性的方式 —— 187
　（一）设计创新，遵循"四要" —— 188
　（二）印装精致，落实"六条" —— 191

五、营销推广，是获取"两个效益"的保障 —— 193
　（一）舆论导向，必保正确 —— 193
　（二）多种书展，彰显成效 —— 195
　（三）馆配社群，重要渠道 —— 196
　（四）新兴媒体，活力十足 —— 197

参考资料 —— 199

第一章

非遗"走出去"概论

文化兴则国运兴，文化强则民族强。习近平总书记指出："一个国家、一个民族的强盛，总是以文化兴盛为支撑的，中华民族伟大复兴需要以中华文化发展繁荣为条件。"[①] 在世界民族文化之林，中华文化一直占据着举足轻重的地位，尤其是当今时代正处于百年未有之大变局，不同国家和地域彼此之间的文明碰撞、交流、融合趋向于频繁，中国走向世界和世界走向中国正在成为大势所趋。一方面，作为四大文明古国之一与当今世界上第二大经济体，中国悠久的文明与强劲的经济实力使得世界渴望了解中国的历史文化、发展道路和价值观念，渴望与中国人进行交流与合作；另一方面，中国也渴望走向世界。在当今技术快速发展的背景下，世界成为一个"地球村"真正变成了现实，了解他国百姓声音，分享中华民族的优秀经验，向国际社会展示我国文明以及开放、包容的国家形象，是当前建设社会主义文化强国，讲好中国故事、传播好中国声音的题中应有之义。

非物质文化遗产，本书简称"非遗"，反映了人类文明在不同历史时期的演变，它承载了每个时代的智慧成就、劳动成果以及对文明文化的认知。这些非遗传承对于人类的生产和生活以及文明的延续和发展，具有深远的意义和价值。尤其在全球快速进入数字化发展新阶段，对于非遗的保护、传承和发展事关一个国家和民族文化传承与文明的赓续。我国非遗数量居世界各国之首，是联合国教

---

① 习近平. 习近平在山东考察时强调 认真贯彻党的十八届三中全会精神汇聚起全面深化改革的强大能量[N]. 人民日报，2013-11-29.

科文组织《保护非物质文化遗产公约》的最早缔约国之一。作为中华优秀传统文化的重要组成部分和中华传统文化的拓展表现形式，我国的非遗承载着中华优秀传统文化更显性的基因脉络，赓续着中华文化一代又一代的精神血脉。党的十八大以来，以习近平同志为核心的党中央紧随时代发展对非遗保护与传承工作的重视程度上升到一个全新的高度，将非遗保护工作拓展出更多融合的可能，将非遗保护融入乡村振兴、"互联网+"、可持续发展、文旅融合等国家战略的同时，也将非遗"走出去"作为讲好中国故事、传播好中国声音的重要载体。非遗"走出去"，即通过非遗表现形式传播非遗文化，将传播非遗的表现形式、展现非遗的文化脉络作为提高中华文化影响的重要组成部分与对外传播的策略和具体路径，并基于此提高和丰富中华文化对外传播的软实力。

当前，非遗"走出去"作为我国文化"走出去"的重要环节，基本形成"全方位、多层次、宽领域、多渠道格局"[1]。本章立足于非遗"走出去"的传播视角，结合政府机构和《中国非物质文化遗产保护发展报告》的权威统计数据以及媒体有关报道等，梳理近20年非遗"走出去"的总体情况和基本现状，剖析存在的问题和不足，为积极推动非遗"走出去"提出具有参考价值和可操作性的建议。

---

[1] 蒋多. 中国对外文化交流研究报告[C]. 张晓明. 文化蓝皮书：中国文化发展研究报告（2017—2020）[M]. 北京：社会科学文献出版社，2020：151-165.

一、非遗"走出去"的概念与背景

（一）非遗与非遗"走出去"的概念

1. 非遗概念演变

"非物质文化遗产"概念在学者们的批判性研究与大众的文化实践过程中，经历了无形文化财、民间传统文化、人类口头和非物质遗产、非物质文化遗产的历史演变，在研究过程中不断累积、完善我国非遗的概念辨析，完成了相对应的知识建构[①]。

1950年，日本首次提出了"无形文化财"的概念。随后，一些国家，包括韩国和法国采取了保护措施，涵盖传统戏剧、音乐、工艺技术以及其他无形文化表现形式。1977年，联合国教科文组织在遗产保护的首个中期计划（1977—1983年）中首次将文化遗产划分为"有形"和"无形"两个主要类型。1989年，联合国教科文组织通过了《关于保护传统文化和民俗的建议案》，其中首次提出了"民间传统文化"的概念，这个概念被定义为："文化团体基于传统创造的全部内容，通过群体或个体的表现方式来反映文化和社会特性，这些内容通常是通过口头传承传播的，包括语言、文学、音乐、舞蹈、游戏、神话、礼仪、习俗、手工艺品、建筑等等。"

1998年，《人类口头和非物质遗产代表作条例》通过，在原

[①] 龚浩群，姚畅. 迈向批判性遗产研究：非物质文化遗产保护中的知识困惑与范式转型[J]. 文化遗产，2018（5）：70-78.

"民间传统文化"定义的大致内容基本一致的前提下，增加了"传统形式的传播和信息"的内容，对"人类口头和非物质遗产"进行了更详细的定义。2001年，联合国教科文组织正式用"非物质文化遗产"这一更准确、更完善的新名称取代了"人类口头和非物质遗产代表作"。2003年，《保护非物质文化遗产公约》首次以法律形式明确定义了"非物质文化遗产"，将其描述为："被各社区、群体，有时是个人，视为其文化遗产组成部分的各种社会实践、观念表述、表现形式、知识、技能以及相关的工具、实物、手工艺品和文化场所。"这一定义强调了人、物、环境的有机统一。此后，"非物质文化遗产"一词作为联合国教科文组织的法规性概念与具有指导和实践意义的框架性概念，在全球范围内得到认可并在不同国家与地区被一定程度地本土化，作为融合本土特色的概念使用。

2005年，依据《保护非物质文化遗产公约》，结合我国非遗保护实践，国务院办公厅在《国家级非物质文化遗产代表作申报评定暂行办法》中将非遗定义为："各族人民世代相承、与群众生活密切相关的各种传统文化表现形式（如民俗活动、表演艺术、传统知识和技能，以及与之相关的器具、实物、手工制品等）和文化空间。"2006年，为对非遗进行更好的保护，确认亟须保护的对象，以便有效地集中有限资源，对具有历史、文学、艺术、科学价值等体现中华民族优秀传统文化的非遗项目进行重点保护。国务院着手建立国家级非物质文化遗产代表性项目名录，并将非遗分为十大门类，分别为：民间文学，传统音乐，传统舞蹈，传统戏剧，曲艺，传统体育、游艺与杂技，传统美术，传统技艺，传统医药，民俗。

2011年6月1日,《中华人民共和国非物质文化遗产法》正式颁布实施,提出"非物质文化遗产,是指各族人民世代相传并视为其文化遗产组成部分的各种传统文化表现形式,以及与传统文化表现形式相关的实物和场所",包括6个部分,分别是:(1)传统口头文学以及作为其载体的语言;(2)传统美术、书法、音乐、舞蹈、戏剧、曲艺和杂技;(3)传统技艺、医药和历法;(4)传统礼仪、节庆等民俗;(5)传统体育和游艺;(6)其他非物质文化遗产。其中,《中华人民共和国非物质文化遗产法》对非遗采用列举法进行概念界定,将其分门别类地归纳为6个部分,而国家级非物质文化遗产代表性项目名录对非遗的划分则是从其表现形式进行的门类划分。本书主要按照十大门类进行论述。

2.非遗"走出去"的概念

何谓非遗"走出去"?从语义上理解,非遗"走出去",是指不断推动中国优秀非物质文化遗产以各种不同的形式和渠道走出国门,通过与其他国家和地区以非遗为核心的文化进行深入交流融合,增进世界各国和地区对中国非遗乃至中华文化的认知及价值认同。

"走出去"战略是党中央在2000年3月初次提出的,体现了我国对外开放的决心,是具有长远性、综合性、前瞻性的国家战略规划。以改革开放为政策基础的"走出去"战略,旨在全面扩大对外开放、优化开放结构、提升中华优秀传统文化在国际上的软实力、促进与世界各国更加紧密地结合和发展。"走出去"战略既包

国家级非物质文化遗产——皮影戏

含"经济走出去"的经济贸易目标，也涵盖了"文化走出去"的文化交流目标。在此政策背景下，非遗的存续与传播成为"文化走出去"战略的必然延伸。让非遗"走出去"成为具有中国特色的大国外交、服务文化强国建设的一项重要战略任务。正如习近平总书记在加强我国国际传播能力建设第三十次集体学习时明确强调："要更好推动中华文化走出去，以文载道、以文传声、以文化人，向世界阐释推介更多具有中国特色、体现中国精神、蕴藏中国智慧的优秀文化。"[1]

---

[1] 习近平. 加强和改进国际传播工作 展示真实立体全面的中国[N]. 人民日报, 2021-06-02.

综合业界不同学者的理论观点与分析阐释，有关"走出去"政策下非遗对外传播路径与相关概念的实质性内涵，可以从以下几个层面进行理解：从认识论的角度来看，主要是让海外民众了解与认识中国非遗，并借此更加了解、认识中国传统文化，将可亲可爱的中国文化形象树立在民间；而从价值论的角度来看，通过多样形式、多种层次的文化交往和实践活动，推动中国非遗的深层次文化内涵和价值观念传播至国际，深刻影响不同维度、不同层次的受众心理。价值论角度的"走出去"被视为非遗的核心和灵魂。正如徐晓林等学者所认为，"走出去"即将文化传承的空间向外部拓展，通过充分运用国际资源向世界阐明中华文化的独特价值，进而提升我国在文化竞争中的实力和国家文化影响力的"软实力"[1]。此外，齐勇锋、蒋多等学者立足中国发展和人类文明进步的广阔视野，将"走出去"的政策内涵解读为全方位、全视角展现中华文化，进而提升国际影响力，并以此推动构建中国特色的社会发展模式和国际文化的新秩序[2]。总之，非遗"走出去"从本质上可以理解为非遗文化的对外开放、交流与传播。

在吸收、借鉴上述观点的基础上，本书认为非遗"走出去"是一个建立在中国和平崛起与本土学术话语基础之上的新概念，是一种典型的"中国式话语"：第一，非遗"走出去"的策略应是立足

---

[1] 徐晓林，吕殿学，朱国伟. 文化安全视野下的中国教育"走出去"战略[J]. 马克思主义研究，2012（1）：114-122.

[2] 齐勇锋，蒋多. 中国文化走出去战略的内涵和模式探讨[J]. 东岳论丛，2010，31（10）：165-169.

于国家层面的文化对外传播战略，相对较高的站位意味着非遗"走出去"的主体需更加多元与多层次，其中至少应包括政府机构、民间组织、文化企业、普通个人、国际组织以及海内外其他可以参与与借用的文化传播主体等。第二，非遗"走出去"具备非常明确的战略目标：主动进行非遗文化的符号与价值观念的完善，主动推动非遗文化符号与价值观念走向可持续性发展、走出国门、走向世界，提升增进国际社会对中国非遗文化的立体化、全方位的认知。第三，非遗"走出去"是立足于中国国家层面，有利于国际社会发展，有利于世界人民团结的重大战略，既符合中国社会当下对文化保护的环境现状与中国文化强国建设的战略需要，又立足于全人类共同利益。非遗"走出去"政策站在更为客观、包容的人类命运共同体立场，对于扩大不同文化间对话交流和促进世界文化团结和谐共生起到积极作用。

基于上述立场，非遗"走出去"可以在重要的非遗资源转化成为对外传播与宣传乃至贸易与文化交流的渠道之后，在世界范围内传播中国非遗蕴含的价值理念、民族文化基因和精神文化产品，通过使世界各国人民理解和尊重非遗乃至理解与认同中华优秀传统文化的内涵与价值，提升中华传统文化的国际影响力，最终实现将中国建设成为社会主义文化强国的目标。需要注意的是，非遗是以人为本的活态文化遗产，非遗"走出去"需将传统与现代相结合、物质形态与非物质形态相结合，在向世界展示具有非遗"活化"特色的中华传统文化、塑造历史积淀深厚又历久弥新的文明古国形象的同时，又要向世界充分展现道路自信、理论自信、制度自信、文化自信的当代中国文明形象与社会主义核心价值理念。

（二）非遗"走出去"的时代背景

1.国际背景：促进中西文明交流互鉴，提高我国文化国际影响力的必然选择

文化是与经济、政治和社会相互交织、深度融合的重要因素，在国际社会的架构与发展中具有不可或缺的地位，亦起到不可替代的作用。随着世界多极化和信息技术的深入发展，世界已经成为普遍联系的有机整体，世界文明发展呈现出多元文明共存的局面。增进共同利益是世界人民的共同心愿，文明交流互鉴成为世界各国追求合作共赢的迫切要求。与此同时，当今世界正处于百年未有之大变局，新一轮信息技术革命和产业变革加速发展，地缘政治风险、经济危机、文明冲突等各种不稳定、不确定性因素复杂交织，以文化软实力为核心的综合国力的竞逐日趋激烈。在世界大环境全球化与逆全球化同步角力的背景之下，不同文明之间的交流、合作与对话成为更加迫切的现实需要。以文化软实力为发展目标的战略规划被越来越多的国家与地区确认与制定，这些国家与地区通过开展文化外交活动、推动相关的文化贸易发展、引导不同文化融合等不同的策略或路径来提振本国或地区的文化软实力。习近平总书记深刻指出："提高国家文化软实力，不仅关系我国在世界文化格局中的定位，而且关系我国国际地位和国际影响力，关系'两个一百年'奋斗目标和中华民族伟大复兴中国

梦的实现。"[1]

　　非遗凭借其代代相传的文化活力与和时代接轨的现代性特征，在国际文化传播的进程中拥有独特优势，体现"活态"文化的发展生命力。以多样化的历史、文化、艺术、社会等多重价值促进多样文化的相互包容、尊重与文明交流互鉴，成为化解中西方文明冲突、提高国家文化形象和文化国际影响力的重要媒介。2003年10月17日，联合国教科文组织第三十二届大会通过《保护非物质文化遗产公约》，截至2023年12月，共有181个缔约国加入该公约，入选人类非物质文化遗产代表作名录的项目共计730项，其中60项非遗项目是由多国共同申报、共同享有和传承的跨国文化遗产。中国分别与蒙古国和马来西亚在2008年与2020年联合申报了"蒙古族长调民歌"和"送王船——有关人与海洋可持续联系的仪式及相关实践"。中国目前是联合国教科文组织非物质文化遗产名录（名册）相关项目最多的国家，列入名录的项目共计43项（具体项目见中国非物质文化遗产网·中国非物质文化遗产数字博物馆）。这一方面体现了中国非遗的保护水平，另一方面也意味着非遗在"走出去"等方面存在极大的空间。高层次的非遗项目涵盖范围广，包括文学艺术、传统知识和民俗集会等多个类别，这充分展现了非遗形态的巨大包容性和文化多样性，成为中华优秀传统文化的重要承载体和生活表现形式。

---

[1] 习近平. 习近平总书记系列重要讲话读本[M]. 北京：学习出版社、人民出版社，2016.

自西汉时期始，随着"丝绸之路"的拓展，中国的陶瓷、玉器、漆器、金银器、牙雕等工艺品传播至中亚与欧洲诸国。这些工艺品内含的以中国传统造型艺术为基础的思维、理念与技法成为中国文化对外交流的核心元素，被普遍认可为文化的符号。这不仅拓宽了中国传统文化的传播受众范围，也在国际上产生了广泛而深远的影响。如今，借助数字化、产业化的传播载体、创新手法、技术手段，中国非遗向国际传递了中国精美的民俗民艺、中华工匠薪火

国家级非物质文化遗产——木雕

相传的智慧、"和合"的思想精髓以及兼容并蓄、崇尚以和为贵的价值理念，推动中国与世界各国之间形成相互交流的对话和共鸣，增进着世界各国理解和接纳中国的价值理念，化解着中西方文明冲突与对抗，推动着世界文明的团结与和谐。如《中国记忆》《舌尖上的中国》《留住手艺》等纪录片以独特的视角切入，配以精美的画面，不仅在中国本土受众的传播之中展现了重要的文化价值，也肩负起了推动中国非遗"走出去"的历史责任。

2.国内背景：弘扬中华优秀传统文化、建设社会主义文化强国的战略抉择

非遗早在文化形成初期就已经受到文明与文明间文化交互带来的影响。如河西走廊文化的形成在丝绸之路的拓展中既受到来自汉文化的影响，又有西域文化的熏陶，最终形成了今天的河西走廊风貌。许多现存的非遗项目本身就形成或脱胎于古时文化交互，如敦煌壁画艺术在全球化的背景下将壁画转化成更加多元的舞蹈、音乐剧等形式，将非遗"重创重生，再创再生"。基于这些理论与实践基础，非遗成为中华优秀传统文化中不可或缺的一环，对于赓续历史文脉、坚定文化自信，进而建设社会主义文化强国的大目标具有重要意义。同时，非遗"走出去"也是实现我国在世界范围内进行文化交流互鉴，激发我国优质传统文化元素再生，促进中华优秀传统文化对外传播，展现可信、可爱、可敬的中国形象，建设社会主义文化强国的战略抉择。

中国政府高度重视非遗的保护传承与"走出去"工作。2009

年国务院颁布的《文化产业振兴规划》中指出文化产业振兴的主要内容是中华文化"走出去"。2010年12月，文化部颁布《关于促进文化产品和服务"走出去"2011—2015年总体规划》，在"商业性出口"的大基调下明确非遗"走出去"的重点和路径。2011年，党的十七届六中全会通过《中共中央关于深化文化体制改革 推动社会主义文化大发展大繁荣若干重大问题的决定》，明确提出要"抓好非物质文化遗产保护传承"，推动中华文化"走出去"，使中华文化的影响力不断提高。党的十八大以来，以习近平同志为核心的党中央立足于坚持和发展中国特色社会主义文化，积极应对日益复杂的国际文化形势，高度重视非遗"走出去"，提出要"把跨越时空、超越国度、富有永恒魅力、具有当代价值的文化精神弘扬起来，把继承优秀传统文化又弘扬时代精神、立足本国又面向世界的当代中国文化创新成果传播出去"[①]。此后，习近平总书记进一步提出"让收藏在禁宫里的文物、陈列在广阔大地上的遗产、书写在古籍里的文字都活起来。要进一步加大国际传播能力建设力度，通过新兴媒体讲好中国故事，传播好中国声音"[②]。2014年，国务院印发《关于加快发展对外文化贸易的意见》指出要在更广泛的领域和更深层次上参与国际合作，推动更多具有中国特色的优秀文化产品走向世界，不断提高对外文化贸易额。2016年，中央全面深化改革领导小组先后通过《关于进一步加强和改进中华文

---

① 习近平. 习近平谈治国理政 [M]. 北京：外文出版社，2014：106.
② 习近平. 习近平总书记系列重要讲话读本[M]. 北京：学习出版社、人民出版社，2016.

化走出去工作的指导意见》《关于加强"一带一路"软力量建设的指导意见》，文化部印发《文化部"一带一路"文化发展行动计划（2016—2020年）》等文件，多角度强调推动非遗领域的国际合作与交流的意义和措施。2017年，中办、国办印发《关于实施中华优秀传统文化传承发展工程的意见》，提出要实施非遗传承发展工程，进一步完善非遗保护制度，推动中外文化交流互鉴。党的十九大则进一步强调要"建设社会主义文化强国"，提出"加强文物保护利用和文化遗产保护传承"以及"推动中华优秀传统文化创造性转化、创新性发展"的新主张。2019年，中宣部、文化和旅游部、财政部联合印发《非物质文化遗产传承发展工程实施方案》，提出完善非遗传承体系，让中华优秀传统文化展现出永久魅力和时代风采。2021年，中办、国办印发《关于进一步加强非物质文化遗产保护工作的意见》，提出要加大非遗的传播普及力度，加强对外和对港澳台交流合作，充分发挥非遗在增进文化认同、维系国家统一中的独特作用。2022年7月，商务部、中央宣传部等27个部门联合印发《关于推进对外文化贸易高质量发展的意见》，提出加强传统文化典籍、文物资源、非遗数字化和网络化转化开发，推动中华特色文化"走出去"。为进一步推动非遗"走出去"，我国启动"中国民族民间文化保护工程""网络文艺创作传播计划""中华文化电视传播工程""中华文化新媒体传播工程"等传承传播工程，设置了一些相关的项目并予以资金的支持，如国家艺术基金、丝路书香工程、经典中国国际出版工程等，这些项目在一定程度上推进了中国非遗"走出去"的步伐，提升了非遗文化的国际影响力。

目前，我们已经处在一个新的历史时期，也是中国走向伟大复兴的中国梦想的关键时期。要实现中华民族的伟大复兴，既要建设世界经济和科技强国，又要提高我们的文化软实力，使之与我们国家的综合实力相称，使我国成为社会主义文化强国。正如党的二十大报告所强调的，"全面建设社会主义现代化国家，必须坚持中国特色社会主义文化发展道路，增强文化自信，围绕举旗帜、聚民心、育新人、兴文化、展形象建设社会主义文化强国"；要"增强中华文明传播力影响力"，"加快构建中国话语和中国叙事体系，讲好中国故事、传播好中国声音，展现可信、可爱、可敬的中国形象"；要"深化文明交流互鉴，推动中华文化更好走向世界"。这是以习近平同志为核心的党中央，"统筹中华民族伟大复兴战略全局和世界百年未有之大变局，提升我国文化全球软实力和中华优秀传统文化影响力所作出的战略谋划"[1]，也是推动非遗"走出去"工作的根本遵循。

3.技术背景：顺应新技术革命潮流、提升中华文化国际传播力的时代要求

目前，在第四次产业革命中，随着信息通信和新的能量系统的结合，超级计算机的性能得到了进一步的提升。随着大数据、云计算、AI、国产芯片、5G等新兴技术的快速发展，VR、360°全景视频、全息影像等高科技的应用，网络传播日益智能化、分众化、社

---

[1] 谢文雄. 对外展示真实立体全面的中国[N]. 学习时报，2023-02-20（5）.

交化、数字化、视频化。美国国家标准与技术研究院（NIST）最近的一项研究表明，在量子通信速率方面有了突破性进展，突破了量子位元的通信速率极限，使得信息可以以极快的速率进行传送。这种新型的、渗透力极强的新方法，不但可以打破时间、地域的局限，深入到人们的日常生产、生活中，还对信息的产生与传播模式进行了深刻的变革，开启了当代交流的全新天地，为非遗"走出去"开辟了更为广阔的发展空间。习近平总书记指出，当今世界，信息科技革命日新月异，对国际政治、经济、文化、社会、军事领域发展产生了深刻影响[1]。

现代信息传播技术的发展为非遗"走出去"提供了新的路径与"玩法"，由新技术催生的新平台（如社交媒体）、新形态（如短视频）、新形式（如数字化呈现）被认为具有赋能非遗"走出去"的优势及潜力。蜀绣、唐三彩烧制技艺、琅琊剪纸、景德镇手工制瓷技艺、金陵皮影等多个非遗项目都曾发布线上数字藏品。国风游戏《天涯明月刀》从2017年起与木版年画、苏绣、南京云锦木机妆花手工织造技艺、花丝镶嵌制作技艺、曲阳石雕等20种非遗项目进行合作，对"游戏+非遗"的融合之路进行了实质性的探索。文化数字化不仅让非遗技艺永久保存、避免失传，还让优秀的中华传统文化"活起来""走出去"，充分利用其可延展性、易展示性和网络平台的强大传播力，让更多国际友人愿意关注、了解、喜欢中国

---

[1] 习近平. 中央网络安全和信息化领导小组第一次会议召开 习近平发表重要讲话[N]. 人民日报，2014-02-27.

非遗。2023年春节期间，开放世界冒险游戏《原神》推出的中国年系列活动，二次元世界中的"海灯节""纸映戏"，向全球玩家展现了中国传统文化的魅力。大年初三，《原神》在官方社交媒体账号发布非遗纪录片《流光拾遗之旅》，展现"杨家埠木版年画"非遗传承人杨乃东以游戏中的"五夜叉"为题材，刻印木版年画作品的过程。发布仅3天，全网播放量就已超过400万。海外网民纷纷点赞评论："传统，唯美！""木版年画，年味更足。""木版年画上嵌入了数量如此惊人的细节，而且都是手工完成的！中国匠人经过数十年训练出精湛技艺，我必须为他鼓掌。"据悉，《流光拾遗之旅》是《原神》推出的一个长期项目，在超过200个国家和地区发行，制作了15种语言字幕的版本，向全球玩家展现中国非遗的魅力。早在2022年，《原神》就推出了戏曲元素新角色——云堇，以及由云堇带来的璃月戏《神女劈观》，视频推出了13种语言版本，上线全球170余个国家及地区，在哔哩哔哩的播放量已经超过3000万，在YouTube上播放量超800万，成为文化出海的典型案例。

在短视频和网络直播等科技的运用和推广下，工匠们的生活状态、生产场景和制作过程等，都能以最直接的方式呈现在人们的眼前。与文字、广播和长视频相比，短视频具有更强的沉浸感和真实感，可以让受众产生更深刻的互动感受，因此，它也是非遗"走出去"的一个主要载体。TikTok上存在大量非遗传承人及爱好者自发成立的相关社团组织，形成一定规模的分享中国非遗的相关内容，涵盖传统工艺、戏剧、民俗、美术、音乐等多个方面。一些非遗传承人及爱好者正是借着短视频平台的"东风"，让非遗走出国门，被更多海外观众所熟知。例如,景德镇陶艺师傅王文化制作的手指头大小的花瓶、杯碗走红海外,他最小的作品直径仅有2毫米。这种脱胎于传统陶瓷烧制技艺的创新工艺,让外国网友大开眼界。王文化制作微陶的内容,在TikTok上单个视频就可获得4500万次播放量,并吸引了上百位网络达人争相合拍。未来,快速发展的科技手段将继续重构可视化、交互性和沉浸式的崭新场景,不断影响和变革非遗"走出去"的技术载体和传播生态,为中国非遗"走出去"注入更大的推力。

国家级非物质文化遗产——京剧

二、非遗"走出去"的现状

（一）非遗"走出去"的主体

厘清非遗"走出去"的主体，是扩大非遗海外传播，实现非遗有效传承的应有之义。联合国教科文组织《保护非物质文化遗产公约》在对非遗进行定义时，明确提出了社区、群体、个人是非遗得以存续和传承的主体，通过非遗的传承实现上述主体的认同感，并增强对人类创造力的尊重。因此，从广义角度来看，非遗保护与传承的主体是人，"非物质文化遗产活态性的根源在于人，非物质文化遗产的创造、传播、享用都是以人为主体的"[1]。这里的"人"不仅包括非遗传承人，更包括现代社会里的每一个人。

从狭义角度来看，非遗"走出去"的主体划分可以进一步聚焦到作为主体的人的不同社会身份与社会角色。在历史语境中，非遗主要是以满足传承人物质上或精神上的需求、解决传承人生存和生活的需要为传播动力。一方面，我们需要认识到，非遗能够历久弥新、源远流长的动力源泉是非遗传承人，人是真正的灵魂，是民间文化能够流传至今的基础，活态传播的方式离不开非遗传承人的参与。另一方面，受众在活态传播过程中的作用也十分重要，由于当代社会的语境使非遗的传播活动突破了地域和时间的限制，与非遗相关的一切主体活动都可被视为活态传播的传播者，不再局限于传

---

[1] 何华湘. 非物质文化遗产的传播研究[D]. 华东师范大学，2010.

承人与其所在社群的交流。从这一角度来看，非遗"走出去"的主体可以是个人（传承人、消费者、游客等）、社会团体（协会）、企业组织、政府部门等，在这一过程中，不同的传播主体扮演着不同的角色并承担不同的职能。由于非遗传承人掌握着非遗的核心技艺，其在非遗"走出去"的过程中占据着非遗活态传播的前端，是整个非遗技艺传播的源头，而政府部门、企业机构、消费者等其他主体则通过接收前端的信息，并借助诸多途径进一步将信息进行扩散，以非遗"走出去"的后端角色提高非遗传播效能。

（二）非遗"走出去"的渠道

在经济全球一体化和科学技术飞速发展的今天，世界各国在政治、经济、文化等领域的交流和合作日益加强。目前，我国非遗"走出去"主要有以下4种渠道：

1.政府主导的非遗外交

非遗外交是从"文化外交"发展而来的。文化外交是一种以文化交往为主要目的的对外交往，因为不同的国家之间存在着不同的文化差异。以往的文化外交，其内涵多为以外在形式呈现的文艺与工艺；目前，许多国家已签署了多国/双边的文化协议，并举行了许多与此有关的文化活动。政府也积极推动和参加联合国教科文组织、区域组织、非政府组织等国际组织开展的文化外交活动，如绘画、工艺美术、文物展及国际友城交流合作会议等。此外，政府多部门还开展了文化交流活动（如培养留学生、推广汉语、建立海外文化中心）和资料交换活动（如出版外文图书、影视文化交流、建立对外宣传的外文网页）。

  政府主导的非遗外交活动在我国非遗"走出去"过程中发挥着重要作用，对讲好中国故事、传播好中国声音，增进我国与世界其他国家的文化交流，推动构建人类命运共同体，都具有十分重要的意义，主要做法有：一是对非遗的形态进行改革，在政府的扶持下，各国之间的非遗文化民间组织进行国内外的交流，组织非遗节、非遗博览会、合作与交流论坛，以及其他重要的宣传和展览，将我国的非遗文化进行传播。二是对跨国界分享的非遗项目进行联合保护。迄今为止，中国与马来西亚共同申报的"送王船——有关人与海洋可持续联系的仪式及相关实践"，以及与蒙古国共同申报的"蒙古族长调民歌"已入选非物质文化遗产代表性项目名录，共同进行了实地考察与保存工作。三是主动融入国外的非遗类保护工作中，营造出一个有利于促进非遗类国际保护和沟通的良性环境。在此期间，我国积极参加《保护非物质文化遗产公约》的磋商和具体操作办法，连续3届获得联合国教科文组织理事会成员资格，在世界范围内的地位日益提高。先后与教科文机构联合举办中国成都非遗节、中国教科文组织共建亚太地区非遗教育基地等活动，是中国非遗对外交流和融合的鲜活实例。例如，2022年11月23日，在香港中央图书馆举办的"传承精神命脉　活化非遗文明"中华文化遗产和国际非遗交流系列活动，通过一系列展览推动中外非遗文化交流互鉴和保护传承，现场进行了福建南音《满空飞》、敦煌舞

《梦回敦煌》和粤剧折子戏《胡地蛮歌》3个非遗项目的表演。通过多彩丝路——"一带一路"国家非遗精品展区、国风潮韵——中华非遗传承精品展区和源远流长——文房书斋精品展区，陈列了来自五湖四海的300余件非遗文化代表作与精品，体现了中华文化"和而不同""美美与共"的开放包容价值观。2023年5月20日，由中华人民共和国文化和旅游部、中华人民共和国驻新加坡共和国大使馆共同主办的"茶和天下·粤韵雅集"——中国广东非遗文化和旅游交流活动充分展示了中国茶文化的美好生活情景，传递了"和""合"的传统理念，促进了中国与新加坡的文化和旅游交流。来自广东的多位非遗传承人，为现场嘉宾呈献了一场独具岭南特色的粤韵雅集[①]。

2.非遗产品对外贸易

中国的文化贸易与交流的内涵可以归纳为两个方面：一方面是从中华文明产生至今，经久不衰的传统文化，特别是中华各族人民在漫长的岁月里所形成的无形的文化财富；另一方面则是富有现代科技和经济元素的、丰富多彩的现代文化。不管是"云南印象"这样的民间歌舞表演，还是通过"淘宝村"进行传统工艺输出，这些都是与中国非遗内容相关的出口经济活动。其区别于以现代文明为载体的出口贸易，根据"国际文化贸易"这一术语，可将其称为

---

① 周存.以茶为媒，中国广东非遗文化和旅游交流活动在新加坡举办[EB/OL].(2023-05-22)[2023-06-05].https://www.sohu.com/a/677804118_222493.

"非物质遗产国际交易"，具体是指各国通过良好的创意，开发出以本国非遗为主要承载内容的文化产品与服务，并在国际输入和输出的现象，主要包括非遗产品贸易和非遗服务贸易两种贸易形态。非遗国际贸易的目标是通过产业化的方式，扩大非遗产品和服务出口、非遗领域对外投资，致力于培育外向型非遗文化企业，推动非遗产品品牌化、规模化，是推动非遗"走出去"的重要方式。

非遗产业化是推动非遗活态传承的重要路径。有些非遗项目得以继承与发展，正是由于它们可以做到与时俱进，不断实现自身的革新与提升，从而走向产业化的道路。山西的孝义皮影戏和陕西的民间剪纸等非遗项目经过产业化的发展，不仅得以保存和继承，甚至借由对外传播走出国门，走向国际的舞台。我国鼓励非遗国际贸易，为培育一批具有国际竞争力的外向型文化企业，推动对外文化贸易高质量发展，连续多年组织申报国家文化出口重点企业和重点项目，并建立了一批国家文化出口基地。四川省自贡市是著名的彩灯城市，有着近千年的悠久传统，被誉为"中国灯城"。近几年，自贡灯会在经由政民共同发力、政企结合发展的态势下，发展成了具有国际影响力的国家战略品牌，有28个企业和10个项目入选中宣部、商务部年度"国家文化出口重点企业和重大工程"，在四川省排名首位；文化出口总量7年来以70%左右的幅度增长，年均出口额达到2000万美金以上；其产品在我国500多座大城市和60多个国家进行了展示，观赏花灯的人数达到了4亿人次，其展示营业额位居全国首位。

国家级非物质文化遗产——自贡灯会

3. 非遗对外传播

非遗对外传播，指的是将非遗作为传播的载体，通过非遗的形式来展示中国、推介中国。在中华传统文化的国际交流中，非遗对外传播是一种很好的宣传方式。总体而言，非遗"走出去"具有十分广泛的内涵和多种表现方式。"从媒介载体看，包括了电视文化外宣、电影文化外宣、广播文化外宣、网络文化外宣、报刊文化外宣、书籍文化外宣等。从文化外宣的具体举办形式看，包括了表演文化外宣、展览文化外宣、演讲文化外宣、论坛文化外宣、广场活动文化外宣等。从文化外宣的内容类型看，包括了体育文化外宣、宗教文化外宣、教育文化外宣、民俗文化外宣、历史文化外宣、文学文化外宣、艺术文化外宣等。"[1] 2015年7月23日，大型非遗纪录片《指尖上的传承》通过新媒体方式进行全网首播，该剧从1000多个国家级的非遗中，采撷那些可以利用影视的形式进行展示的内容作为选题，采用情景再现、动画制作相结合等拍摄与剪辑手法，着重展示出传统手工艺的制作过程，既有"泥人张"作为中国泥塑的代表，也有汉族优秀的民族传统工艺苏绣。节目通过新媒体进行传播，与优酷、土豆、爱奇艺、搜狐等国内各大视频网站，以及脸书、推特等国际网站进行合作，开设《指尖上的传承》专题平台，在视频首页进行推广，通过"短、频、快"的互联网模式，让观众快速便捷地感受到传统手工艺背后蕴藏的独特魅力。

　　现今，以媒体文化为基础的传播作用日益凸显，古装电视剧在流媒体平台与卫视中的火热也带动了江浙一带团扇的发展，成为媒体文化带动非遗发展的典型案例：在《甄嬛传》《芈月传》《延禧攻略》《三生三世十里桃花》等热播剧中，演员所用的团扇，是按照故宫博物院收藏的团扇进行定制的，这些团扇制作工艺精湛，风格典雅，让人赞叹不已。团扇的普及与古装影视剧的冲击，进一步深化了民间对团扇的认知，在全国范围内兴起了一波研发生产团扇的热潮，并产生了"认同性经济效应"[2]。此外，自蓝海云国际协同制作团队成立以来，已经制作和传播了2000

---

[1] 梁岩. 中国文化外宣研究[M]. 北京：中国传媒大学出版社，2010：20.
[2] 覃宵. 新媒体时代传统技艺类非遗的传播、传承和创新——以团扇为例[J]. 非遗传承研究，2020（4）：26-29.

多个中国故事，包括用口述历史的方法制作并且向国际传播福建泉州的福船模型、北京曲剧、江苏无锡惠山泥人、贵州布依族酿酒、山东青岛的崂山之太清宫、山西太原的苏氏琉璃等众多城市的148个非遗故事。这些故事被美国CNN、美国Bloomberg、欧洲新闻台、英国ITV电视台、马来西亚Bernama电视台、印度斯坦时报、英国卫报等国际传统媒体和新媒体报道。每个故事都会有超过200次的国外新闻报道，有数千万乃至数亿的国外受众，在全球的各大社交网站上发表热烈的讨论。

4. 非遗民间交流

随着大众对非遗的认识加深，推动非遗"走出去"的传播主体也由原来的单一靠政府机构，发展到学术界、媒体界和企业界共同参与，非遗"走出去"的主体范围不断扩大，活动所面向的受众也越来越多。民间的"走出去"是由个人或社团组织在国外进行的非物质文化遗产的传播与交流。民间文化遗产"走出去"，按主题可划分为两类。第一类是将非政府的文化组织作为国际社会文化交往的交流主体。在我国，非政府组织的意义比较宽泛，泛指"除政府、企业之外的人民团体、社团组织、行业协会、基金会以及其他各种非营利性民间机构"。第二类则是将社会知名人士和普通群众作为民间对外文化传播的主体。伴随着民族复兴和文化觉醒，非遗的传播从单纯依靠政府部门宣传，到逐渐吸引非遗传承人、爱好者、自媒体等社会人群自发参与，非遗的传播主体不断向民间扩散，广大群众现已成为非遗传播的主力军。例如，忻州古琴依托非遗传承人杜威创建的静乐县承弦堂古琴工作室，通过传承、挖掘、抢救、保护、收集整理，出版了《古琴漆艺》《古琴制作技艺》等书籍，搭建工坊就业平台、创建漆树园基地，扩展了忻州古琴传承、保护和市场运作，助推当地经济发展。忻州古琴在弘扬中华优秀传统文化、乡村振兴的大背景下，走出了一条"古风新韵"的"非遗+旅游"融合发展之路，成为民间推动非遗传播的一大特色亮点[1]。

国家级非物质文化遗产——古琴艺术

---

[1] 雷昊. 山西发布2022年十大非遗传承优秀案例[EB/OL].(2022-06-11)[2023-06-05]. https://baijiahao.baidu.com/s?id=1735336219368429435&wfr=spider&for=pc.

互联网时代，便捷的社交媒体成为民间团体参与非遗传播的重要渠道。2019年4月，抖音总裁张楠携团队正式宣布推出"非遗合伙人"计划，招募非遗合伙人共同打造非遗传播平台。据统计，"截至2019年4月，1372项国家级非遗代表项目中，有1214项在抖音平台上有相关内容的传播，覆盖率超过88%。这1214项国家级非遗内容，在抖音上共产生了超过2400万条视频和超过1065亿次播放"[①]。借助新媒体技术，民众有机会通过诸如YouTube、推特等多元化的国际传播渠道来创作及展示非遗文化，并借助短视频"个性化""去专业化""泛娱乐化"的传播优势吸引受众的关注。以中国非遗为题材的短视频在TikTok上的传播可以看出，个体对非遗"走出去"的贡献不容忽视：一方面，不断有新的账号多段展示李小龙、成龙等世界级武打巨星精湛技艺的影像，创造了超过20亿的点击量，相关话题也在TikTok上不断成为热门，将中国武术的关注度推向一个新的高度。另一方面，以"功夫老爹"梁长兴、潘云峰和李年根等为代表的非遗传承人和爱好者们，也通过TikTok，使得越来越多的海外观众认识他们，"撑起了"某个非遗项目如功夫的国际影响力。"功夫老爹"以其精湛的武艺，在TikTok上拥有了450万的关注人数，而他在室外练拳的视频更是创下了近8200万的点击量。在众多的视频影像中，中国的传统手工

---

① 国际在线. 让传承人订单翻一番，抖音推出"非遗合伙人"计划[EB/OL].(2019-04-18)[2023-06-05].https://baijiahao.baidu.com/s?id=1631119019081907816&wfr=spider&for=pc.

艺者们在创作和演出时所表现出来的精益求精、追求极致与坚守传统的工匠精神，得到了国外网民的认同，并逐渐形成一种极具生命力和影响力的"走出去"主体。

（三）非遗"走出去"的方式与效果

1.以差异化凸显非遗"走出去"特色

我国的非遗类型复杂多样，各种形态呈现形式多样，创作与传播途径也各不一样，根据这些具体问题进行具体分析，各种不同的非遗项目"走出去"的理念与途径也因此各不相同。根据国务院公布的国家级非物质文化遗产代表性项目名录，我国非遗分为十大门类。其中按照非遗类别，非遗"走出去"的形式可以分为以下几类：传统戏剧、传统舞蹈、传统音乐和曲艺等。它们本质上是一种表演艺术，因此，在"走出去"的进程中，它们以"舞台秀"的形式出现，通过口头说唱、形体语言、声乐、表情，以及独特的服装、化装、道具等，来实现表演类的无形文化遗产。在这样的表演中，传承人将自己的表演技巧、经历和情感通过一种特殊的艺术形式传递到受众的面前，每次表演都是一种活生生的无形文化遗产的具体表现。如《牡丹亭》自问世便成为昆曲中的一部不朽剧目。全剧秾丽华绮的文笔、细腻真挚的情感令人叹为观止，汤显祖也被誉为"东方莎士比亚"。昆曲是我国历史最悠久的汉族戏剧，也是第一个入选联合国教科文组织人类非物质文化遗产代表作名录的剧种。在昆曲的海外传播方面，洪涛生把

《西厢记》《琵琶记》《牡丹亭》3部经典剧作译介为德语并组织剧团搬演，不仅是首个把《牡丹亭》全本带到西方观众面前的翻译者，还是最早进行昆曲欧洲巡演的组织者。他的戏曲对外传播活动在真正意义上突破了中国戏曲在对外传播中难以突破的语言困境和文化差异导致的理解偏差，把中国戏曲的精神内核较为准确地传达给了欧洲观众，在20世纪的戏曲对外传播中走出了一条不

国家级非物质文化遗产——昆曲

同于中国本土传播者的道路。2018年9月3日开始，上海昆剧团在美国洛杉矶开始了58天的驻场演出，这也是上海昆剧团首度走出国门，将昆曲与庭园结合进行海外实景戏剧演出，受到美国《洛杉矶时报》等多家媒体的广泛报道。此后以上海昆剧团为代表的昆曲团体的演出足迹踏遍欧、美、亚三大洲的20余个城市，充分展现了以戏剧为代表的中华传统文化的无限魅力，同时也加深了人们对中国戏剧文化的认识。

在我国非遗"走出去"的尝试中，以"民间工艺"为基础的传统技艺与传统美术类成为出现形式最多的文化遗产项目。一是由于这两大类非遗项目的材料、工具、技艺流程及不同阶段的半成品或成品，都具有较为便捷的展示形式。二是这两个品类中包含的工艺艺术品和日常用品都与人们的日常生活密切相关，它们所体现出来的民俗美学趣味和区域文化特征，可以跨越国家和民族文化的差异，在各个国家的观众中引起共鸣。应当指出，大部分相对静止的传播模式都不易实现对非遗进行展览和传播的基本目标，也就是无法使观众在获得一种传统的美学经验的同时，更好地体会到其中所蕴含的文化价值与精神内涵。从这一角度而言，如果仅仅对传统技艺和传统美术类的非遗项目进行静态展陈，难以达到非遗"走出去"效果的最大化。对此，应尝试使用更加匹配的展示方式，将原料、制作工具和技艺、功能采用更"通感"的方式具象化地让受众了解，才能将它们与其背后所蕴含和传承的精神世界"跨屏幕"、跨种族、跨国别地共情与承载。在"第八届全球外交官中国文化之夜"上，除中国传统文化展陈区外，主办方还设置了中国传统文化体验区，包括中国香席体验区、中国插花体验区、古琴艺术体验区，来自全球的外交官参与了现场体验，深刻感受到中国非遗的精湛技艺、文化底蕴和价值内涵。2015年4月，中国"非物质文化遗产保护项目"赴美巡展活动在纽约大学拉开了序幕。包括云南乌铜走银、北京京剧彩绘脸谱、苏绣、苗绣、藏羌刺绣、渤海靺鞨绣、拼布艺术、凤翔木版年画、光福核雕、庆阳香包、绵阳剪纸在内的11个被国家评为"非物质文化遗产保护项目"的中国传统民间工艺在美国纽约大学、哥伦比亚大学进行展演和教学交流[1]。2018年7月2日，由中共湖北省委宣传部、湖北省文化厅主办，中国驻捷克大使馆支持的"长江边的非遗故事——中国湖北非物质文化遗产展演"在捷克科林西亚会议中心开幕。开幕式上，京剧和武术两大非遗传承项目先后亮相，为现场嘉宾和观众精彩演绎了京剧经典唱段《贵妃醉酒》和武术表演《武当神韵》。展演活动通过丝绸之路、万里茶道、国粹京剧等10个湖北的非遗故事，展示了湖北的文化特色和底蕴，还通过蕲春艾灸疗法、楚式漆器髹饰技艺、汉绣、雕花剪纸等14个项目传承人的现场技艺展示，让观众在中华文化大框架相接触的同时感受到中国地方荆楚文化分支的魅力[2]。

涉及民俗风情及传统体育、游艺或者杂技类的非遗项目，则相

---

[1] 武晓慧，宋煦冬. 中国"非物质文化遗产保护项目"巡展活动亮相纽约[EB/OL].(2015-04-11)[2023-06-05].http://world.people.com.cn/n/2015/0411/c1002-26829495.html.

[2] 中国文化网. 中国非遗走出去[EB/OL].(2018-07-13)[2023-06-05].https://www.sohu.com/a/241033008_534796.

对而言具有较大的对外传播难度。由于这些类型的项目通常都具有多维的文化特质，这一类非遗活动是在一定的时空中进行的，包含了音乐、舞蹈、习俗仪式、民间信仰等多种元素，其中的文化符号与传承的实践对象也非常丰富。在对空间的要求上，它们要求有一定的场所，有更多的人力参与。从时间上来看，某些民间或体育竞赛活动是在岁时节庆期间举行的，如果将它们割裂出来，很可能会变成一场以舞蹈为主的演出，既不能体现出节目的特色，也偏离了非遗"走出去"的目的。在这类非遗项目"走出去"的过程中，可以采取与当地博物馆、展览馆等合作设立固定展、常设展的方式，持续展示；或采取依托孔子学院或自建学校的方式进行持续教学，如陈氏太极拳在韩国、美国等地开设多家太极拳馆教学点，弟子数千人，其《陈氏太极拳械汇宗》《陈氏太极拳养生功》等著作被译成多种文字出版发行到美国、日本、西班牙、韩国、法国等国家[1]。

2.以品牌化/产业化提升非遗"走出去"的品质

品牌是企业或产品走向世界的基本保障。在当今资讯爆炸的社会，以及"眼球经济"迅速兴起的宏观背景之下，企业或产品的品牌内涵早已超出了普通的商标、标识范畴。要在传统的基础上，加强对中华传统文化传承的研究，以创意为引擎，以自主知识产权保护为基石，以技术改造与创新设计为动力，在全球范围内打造最古

---

[1] 康保成. 中国非物质文化遗产保护发展报告（2011）[M]. 北京：社会科学文献出版社，2011：206.

老又最时尚的中华文化品牌。

在众多非遗项目中，传统美术如木版年画、雕刻、刺绣、竹编等，传统技艺如制陶、织造、烧制、冶炼、营造、烹制、酿造、刻制、染制、印刷等，以及传统医药如针灸、正骨、中药制剂等，这些非遗项目的象征与符号价值都可以被传递、嫁接或附加到任意的实用物品上，因此关注现代人的审美观和心理需求，通过对非遗的保护和生产技术的研究和完善，来提升非遗产品与服务的创作和设计能力，扩展和充实其主题和表达方式，打破载体的限制，使其呈现出一种"活态"的状态，进而在市场的指导下，推动非遗类文化产品品牌与服务的"走出去"。

举例而言，风筝与木版年画作为一种中国民间的传统美术，在全国各地都受到不同程度的保护，在很多地方非遗仍处于"保护、整理、传承"阶段的时候，位于山东潍坊杨家埠的风筝与木版年画，在"姊妹艺术"的意象导向下，开始了"传统+产业+创意"的融合特色发展之路[1]。杨家埠240多家风筝和木版年画制作销售户，每年以新产品占总数60%的创意速度开发上市，每年所产木版年画达到2000余万张，风筝1000多万只，出口占比达到70%，远销几十个国家和地区。与以往的风筝扎制和木版年画创作等传统的制作技艺相比，杨家埠的风筝生产有从传统到创新的40余个品种，如小盒、壁饰欣赏、大型展览等，还有挂历、手袋和装帧精致的精装版图书等。另外，许多还没有定型的商品风筝，都是根据

---

[1] 赵秋丽. 让"非遗"产品漂洋过海[N]. 光明日报，2013-01-22.

客户的需求特别定做的"DIY"半成品，从而提高了顾客的体验和参与感，由此产生了新的服务需求，带来更好的服务体验。此外，还可以在外观设计、3D场景动画、动作设计等领域进行深入研究，与体育锻炼紧密地联系在一起，让风筝相关产品更加个性化。所有这些都让这两种传统非遗以崭新的姿态出现在世界上，并将其创造出的价值最大化。

同时，民间文学、音乐、舞蹈、戏剧、曲艺、游艺、杂技、体育竞技和民俗等非遗项目，也能够与影视音像、舞台表演、会展节庆、创意设计等多种业务融合在一起，打造"走出去"的非遗文化服务品牌。在剧场、茶楼等以休闲娱乐消费为主的地方演出，实现其经济效益。所以，我们可以通过美术创造来修复它的美学价值，

戏曲原型文创作品

并按照外国消费者的美学和视觉感受需求，对其进行有目的的包装，减少在出口时的文化折让，从而创造出一种兼具本国特点和国际标准，真正与世界接轨的品牌。

　　以杨丽萍和她的《云南映象》为例，《云南映象》运用舞蹈来展现大量的原生态非遗文化资源，没有采用传统叙事的起承转合结构，却准确清晰地表达了叙事中所需传达的情感，巧妙回避了翻译

《云南映象》演出剪影

可能带来的语言壁垒与误读，缩短了交流与接受的距离，并以其独特的文化价值观念感染和打动了国外观众。从营销的角度看，《云南映象》以"共同投资，收益分成"的方式，配合全球受众的认识及鉴赏喜好，吸取海内外的成熟经验，量身打造成为国际版《香格里拉传奇》，以其强大的宣传力量、完善的运作模式和优秀的表演内容，在全球范围内得以顺利推出，探索出少数民族民间非遗走向全球的新的传播模式。

3.以数字化丰富非遗"走出去"形态

数字化的介入使得非遗有了更广阔的传播渠道，"非遗的数字化不只是非遗的一种存储、展示、宣传和教育的外在手段，而且具有内化为非遗自身方式的合法性和可能性"[1]，通过新的科技手段将非遗"走出去"的策略与路径进行延展，把非遗以一种更适合现代人的方式来进行包装，让全年龄段的消费者能够接受和产生兴趣，从而激发喜爱、热衷等更深层的情感。例如，浙江杭州拱墅、临平、余杭3地文旅部门正联合言赞文化等科技企业，结合大运河文化标志开展评选活动，该项目将把运河古建筑遗址、运河民俗活动、运河传统技艺等项目进行数字化呈现，目前已经将十竹斋木版水印、王星记制扇、余杭纸伞制作、西湖绸伞、余杭清水丝绸制作技艺等运河非遗项目打造成非遗数字藏品推向了市场，通过数字技

---

[1] 宋俊华. 关于非物质文化遗产数字化保护的几点思考[J]. 文化遗产，2015（2）：1-8+157.

术让非遗的传播和变现增加了更多可能性。又如，2022年端午节前夕，以粽子和龙舟等端午节符号为灵感，融合湖北宜昌特色文化元素的12款数字藏品上线发售。2022年6月1日，该套数字藏品上线仅一天，总参与人数便达52277人，6月2日15点开售，不到3分钟，共计24000份便全部售罄。

"非遗+国潮"实现非遗文化"破圈"创新。国潮是指中国本土文化、本土品牌及产品所引领的时代潮流。它对中华优秀传统文化采取更兼容的胸怀与心态，融合了中国传统文化符号、中华美学精神、传统技艺，也包括现代制造业和文化工业，并与那些蕴含着国家记忆和前人智慧的非遗相融合，为各类时尚的现代商品带来了独特的文化底蕴。借助国潮传播和推广民族文化成为一条值得拓宽、拓广的新方式，国潮文创、国潮美妆、国潮动漫等以本土品牌和产品为引领，创新了传统文化传播的范式，是实现民族文化推广和普遍文化符号认同的一种传播方式[1]，推动着非遗"走出去"形成了传播有"术"、传承有"路"的新发展方向。社会分化、技术发展与传播媒介变革，催生了新的媒体生态圈和生态系统，为个体提供了时刻在线的聚集与交流平台，社交媒体去中心化和交互性特质突破了传统的单向传播模式，互联网时代基于"趣缘"的圈层传播逐渐进入大众视野。一方面，基于非遗的浓厚地域特色加持下，"非遗+国潮"使得产品本身呈现出明显的圈层分化特点，具有较强的圈层传

---

[1] 李红岩，杜超凡."国潮"传播视域下的民族文化推广——基于对统万城文化的考量[J]. 社会科学家，2019（6）：137-144.

播特性，这在一定程度上拉动了长尾经济的发展。另一方面，"非遗+国潮"的圈层化效应通过大众转发、点赞、评论等方式进行互动，为非遗文化的传播赋予了社交属性，将国潮产品的话题热度不断提高，建立新的社会关系和情感认同，形成民俗的圈子化运作模式。

"非遗+游戏"为传播渠道带来更多的可能。在数字化时代背景下，不少游戏制作方开始积极探索传承之路，基于文化包容性，丰富游戏的内容与形式。从故事引用、形象植入的前期融合，到"慢美学画面""游戏延伸品"等创新理念，电子游戏正面临新审美、新玩法、新业态的全面升级。例如，在电子游戏中，角色外观与造型设计是吸引玩家参与游戏体验的重要因素，其中角色的服装设计体现着玩家的审美偏好，也是玩家区别于平常生活，体现自身独特性的途径之一。在《原神》2.4版本中，上线了国家级非遗京剧元素的角色——云堇。云堇是《原神》较早着手构思的角色之一，她的定位是璃月港内的一位戏曲表演艺术家，是一个既有成就又有想法的女性，在服饰设计上参考了花木兰、穆桂英、梁红玉等经典角色的戏曲装扮。为了贴合游戏设定中这一新生代艺术家的人设，米哈游制作团队为其推出了京剧风格的剧目《神女劈观》，以京剧唱出了游戏故事。《神女劈观》在中、英、日、韩等国家都保留了中文京剧唱段。"朱丝缚绝烂柯樵，雪泥鸿迹遥""凡缘朦朦仙缘滔，天伦散去绛府邀"……韵味悠长的唱词、朗朗上口的旋律，惊艳了众多外国网友。随着大众对云堇关注度的提高，其角色魅力吸引了众玩家参与《神女劈观》的二次创作，有玩家采用琵琶、古琴、笛、唢呐等中国传统乐器对该作品进行重新演绎。除

《原神》外，2020年1月14日，在由中央美术学院、意大利佛罗伦萨国立美术学院、网易《梦幻西游》共同联合主办的"匠心传承，筑梦非遗——中意传统文化交流暨中国传统文化佛罗伦萨作品展"上，《梦幻西游》游戏以分别与蓝印花布制作技艺传承人吴元新合作的"飞天入梦"主题蓝印花布、与制扇技艺传承人李开军合作的荣昌折扇、与广灵剪纸传承人张多堂合作的梦幻元素剪纸，以及泰山皮影戏传承人范维国手工雕刻的5个神韵各异的梦幻角色皮影，还有其携手敦煌博物馆合作的作品《梦回千里是敦煌》亮相意大利佛罗伦萨。通过具有鲜明特色的非遗作品以及技艺类展示，让海外群体更深入直观地了解到中国的东方美学。

非遗文化的跨界联动展现出了强大的生命力，衍生出多样的合作形式。其中，在游戏内进行更多的联动尝试，能够促进非遗文化与游戏玩家产生情感联系，探索非遗传承，是游戏与非遗的双向赋能、虚拟与现实的双向奔赴。游戏是非遗重回大众视野的良好媒介，电子游戏作为传统文化的生动载体，不断地显示出超强的适配性。

"非遗+科技"打造非遗文化传承新范式。文化的表达和传播必须依赖一定的工具和载体，媒介环境学派学者麦克卢汉的"媒介即讯息"认为，每一种新媒介的出现都创造了一种全新的生活环境和生活方式，改变着人与人、人与世界的关系。以互联网的交互性特征为切入点，非遗传播者通过微博、微信、抖音等多种平台的传播渠道，将非遗文化以H5、表情包、短视频进行展现，与受众进行互动，能够使传播活动变得更加生动有趣，从而吸引更多人和群体的关注、参与和传播。例如，在网络直播中，传播主体能够得到受众的反馈信息，从而对非遗的传播形式和内容进行适当的调整，增强了非遗传播的趣味性和吸引力，与被传播者进行了直接的沟通，激发了他们对非遗的积极情感，从而产生了对非遗产品的购买意愿。数字技术带来了非遗项目的全新体验。沉浸式技术的场景应用，将非遗项目的制作或表演连同原生环境进行再现，例如烟台非遗VR（虚拟现实技术）展馆，展示内容包括传统医药、美术、曲艺等非遗项目，借助数字技术，结合光影艺术，让体验者亲身感受烟台剪纸怎么剪、胶东彩塑怎么捏的乐趣，达到对非遗传播全身心的沉浸式体验。通过氛围的营造、画面的选择，数字技术多维度地刺激体验者的各个感官发挥作用，让体验者在娱乐参与中接受与传播非遗。

4.以集聚化扩大非遗"走出去"规模

集聚化的产业发展布局在任一产业的快速和大规模的发展时期都是非常重要的空间利用与组织形态模式。近两年，我国开始探索建立各类非遗生产性保护示范基地和文化生态保护实验区。前者以具有一定市场前景但生产实力分散的代表性非遗项目为对象，通过将研发、设计、生产、包装、营销、服务等产业链各个环节进行聚合，并与旅游、餐饮、演出、影视、会展、出版等其他相关行业进行结合，实现产业链的延长、关联程度的提高，最终实现经济的增长。而后者把非遗的保护和传承放在一个动态的、开放的、整体的视野之中，使其与自然环境、生产生活模式、经济形态、语言环境、社会结构、意识形态、价值观念等方面进行互动，从而形成一种"活文化"。这两种类型的聚集形式，恰恰形成了一个由"生产

国家级非物质文化遗产——剪纸

型"到"生态型"的环形发展路径与格局。

在非遗生产性保护基地模式中,以历史悠久的剪纸技艺最具有代表性。例如山西广灵剪纸文化产业园区通过推行"公司+基地+农户"的运作模式,发展"产、供、销"一体化,形成了四基地(产品研发基地、产品展销基地、产品生产基地、人才培养基地)、一馆(剪纸艺术博物馆)、一园(剪纸文化体验园)、一链(剪纸产业延伸链)的产业格局,建成了全国最早的剪纸类非遗产业园区,并入选2011—2012年国家文化出口重点企业[1]。这种发展方式能够

---

[1] 高清红. 广灵剪纸:植根民间,走向世界[J]. 文化月刊,2013(3):59-62.

充分发挥劳动力、技术、资本等方面的比较优势，提高产品的研发水平，通过设计、生产、销售等方面的专业化分工，推动企业的多样化发展，打造出一个多层面的产业集群，最后通过规模效应来获得世界的认可。

在文化生态保护实验区模式的具体实践之中，以热贡艺术的非遗转化路径最为突出和活跃。热贡艺术是以唐卡、壁画、雕塑、雕刻、堆绣、建筑装饰图案彩画等多种形式为主的藏传佛教艺术重要流派，2006年被列入中国首批国家级非物质文化遗产代表性项目名录。2008年8月，文化部批准在青海省黄南藏族自治州设立热贡文化生态保护实验区，成为我国藏区唯一的国家级文化实验区。该实验区致力于以活的形态开展生产性保护，以非遗作为重要的旅游资源，实现文化遗产经济价值的转化，并以旅游为主导使热贡艺术成为国际知名文化品牌，在英国、美国、日本、新加坡、马来西亚等国家也获得愈加广泛的认可和欢迎[1]。

同时，创建"文化输出基地"，也是促进我国文化贸易创新发展，促进中华文化走向世界，实现文化强国的重大措施。为了更好地发挥基地的聚集、示范和引领作用，引导我国对外文化贸易高水平发展，必须"加强国家文化出口基地建设"。继2017年国家启动文化出口基地建设之后，2018年商务部、广电总局等多部门认定了第一批13家国家文化出口基地，2021年又实施多项举措推动基

---

[1] 宋增文，周建明，所萌，等. 文化生态保护实验区文化生态旅游发展研究——以热贡文化生态保护实验区为例[J]. 中国人口·资源与环境，2013，23（S1）：128-131.

地发展，包括认定第二批16家国家文化出口基地、举办首届国家文化出口基地论坛、建立国家文化出口基地联席机制、印发《国家文化出口基地首批创新实践案例》。在上述政策的指引下，各大文化产业基地纷纷创新扶持政策，培育市场主体，拓展海外市场，使其发展势头进一步加强，聚集效应逐渐显现。国家文化出口基地的建设，会更好地推动非遗集聚化传播效应，扩大传播规模。

三、非遗"走出去"的问题与建议

（一）非遗"走出去"的问题

1. 非遗"走出去"呈现碎片化特点

在非遗"走出去"进程中，由于其所处的新环境可能存在的完全"异地化"背景，使得其在全球范围内的传播表现出明显的碎片化特征。从我国非遗海外传播的整体情况来看，非遗"走出去"的碎片化特点主要表现为传播内容分散、内容与形式割裂，以及脱离非遗文化环境等几个方面。具体而言，当前非遗"走出去"大多以孤立的形式出现，表现为"点对点"的传播格局，非遗在本土的原有社会环境和生态环境都在现代化的进程中或多或少受到侵蚀或改变，在现代社会中的传承不得不脱离原始的文化语境和精神寄托，内容分散且与大部分群众日常生活有较大隔阂，大众往往只有通过博物馆、艺术馆、展会等途径才能近距离接触非遗、了解非遗，这也使得受众难以产生系统性、全面性的非遗文化认知。此外，非遗表现形式与文化意义阐释存在相互割裂和分离的现象，例如在2009年被联合国教科文组织列入人类非物质文化遗产代表作名录的中国音乐类非遗——花儿，其流传在中国西北部地区，在中国的甘、青、宁三省（区）的汉、回、藏、东乡、保安、蒙古等民族中展示的民歌，最初是劳动人民在田间劳动、山野放牧和旅途中即兴漫唱的歌曲，在脱离了特定区域的"即兴漫唱"的环境后，多以舞台表演的形式集中展示，受众在短时间内获得了感官和审美享受，但对其深层文化意义和历史价值可能停留于表层认知。此外，在当前市场经济发展的影响下，为了追求经济效益，吸引受众的眼球，部分非遗的传播展现出过多的视觉元素、打卡元素，表象化和娱乐化的现象层出不穷，重形式轻内涵或重过程而轻文化往往容易导致适得其反，使得文化传播过程中的文化属性被削弱，造成非遗项目被误读，文化精髓被忽略[①]，这也就使得在脱离了理想的传播系统后，国外受众难以在欣赏此类非遗的过程中了解其文化精髓与魅力。

2.技术介入的方式，制约非遗"走出去"的效果

非遗地域性和口传心授的特点造成了它具有较强的文化根植性和在地化特征，其传播路径往往以现场传播为主，例如天津"泥人张"彩塑是清道光年间形成的一个民间艺术流派。创始人张明山通过和人面对面交谈，"抟土于手，不动声色，瞬息而成。面目径寸，

---

① 谢佳. 非物质文化遗产传播路径创新研究 [J]. 新闻爱好者，2021（10）：61-63.

国家级非物质文化遗产——天津"泥人张"作品

不仅形神毕肖，且栩栩如生，须眉生动"[1]。国家级非遗"泥人张"其本就是依托现场人物的瞬时表现通过捏泥人的技艺制作而成，但鉴于其"在场性"极强的特点，极大地受制于时间与空间，因此阻碍其"走出去"，即便有以聂臣希为代表的非遗传承人多次出国展演，"但在泥塑出国展演的过程中，由于时间、语言等因素的约束，只能表面交流"[2]。一方面，部分非遗本身所具有的高度"现场性"与"体验性"特征成为其"走出去"的一大难题；另一方面，随着数字技术的快速发展，国内诸多非遗传承人在技术潮流下也开始普

---

[1] 中国网. 首批国家非遗"泥人张"亮相中国美术馆[EB/OL].(2021-07-30)[2023-06-05].https://baijiahao.baidu.com/s?id=1706691482123786028&wfr=spider&for=pc.
[2] 沙见龙, 李欣. 高密"非遗"传承人：异域寻"灵感"致力传统"手艺"走向国际[EB/OL].(2017-02-22)[2023-06-05].https://www.ihchina.cn/project_details/10104/.

遍依托短视频等网络新媒体扩大其自身影响力，但从其传播效果角度来看，"仅以视频的形式进行传播略显单薄，绝大部分视频作品由非专业人士拍摄制作，内容简单，风格单一，缺少对传统手工艺非遗内在文化底蕴的深度挖掘，难以覆盖其背后庞大的数据群"[1]。如果只是依托简单图文、视频等形式走出国门，此种传播的受众面、感官刺激与现场体验有着天壤之别，传播效果不可同日而语，这也成为当下依托数字平台推动我国非遗"走出去"的一个缩影。如何借助5G、人工智能、计算机识别、人机交互等新技术在"传播主体数字化、传播对象关联化、传播内容活态化和传播渠道多元化等方面对传统手工艺非遗进行创新性传播"[2]，将非遗产品与非遗技艺以极具"在场感"的形式传播出去，以增强国外受众体验感是技术背景下非遗"走出去"的题中应有之义。目前技术介入的重要性已经逐渐被人们认知，技术开发在非遗的传承和保护方面颇有成效，但是技术介入在非遗横向的传播扩散中有待进一步发掘，主要表现为缺少替代非遗传承人、复制传承人技能的协助性科技产品，以及以非遗为内容的媒体产品和网络平台较少，远程教育等网络平台有待进一步开发和使用。技术介入的方式是非遗进行创造性转化和创新性发展最重要的一种方式，不仅能为非遗保护和传承提供科学保障，也是促进非遗在国际社会传播扩散的重要路径。

---

[1] 樊传果，孙梓萍. 人工智能赋能下的传统手工艺非物质文化遗产传播[J]. 传媒观察，2021（8）：68-73.

[2] 樊传果，孙梓萍. 人工智能赋能下的传统手工艺非物质文化遗产传播[J]. 传媒观察，2021（8）：68-73.

3.非遗传承人的规模，影响非遗"走出去"的广度与深度

非遗的传承以"人"为中心，由非遗传承人与观众进行交流，其实质是以人的主体性为基础。非遗由于其自身"非物质（或无形）"的特征，其技艺传承首先需要依托非遗传承人的传授。当前，非遗传承后继乏人，出现了较为明显的青黄不接的现象，主要表现为：其一，由于科学技术和信息化的发展，人类的感觉受到了很大的冲击，因此，人类的文化休闲方式也从单一走向了多样化。而在这种情况下，由于其自身所具有的地域特性，很难被跨地域和跨文化的人群所接纳，脱离了特定的地域文化背景使得部分非遗丧失了其固有的内涵与特色，这也使得具有浓郁地方特色的非遗在传承过程中面临文化观念与习俗差异的阻碍，出现了其他群体不愿意花时间、精力去学，不愿去接触自认为"枯燥"、与当下流行文化差异较大的非遗。例如我国的非遗——越剧，其本身具有较难传唱的特点，学习过程较为复杂、烦琐、枯燥，学习难度较高，短期难以掌握[1]，在快节奏的时代环境下，这使得诸多人望而却步。其二，非遗主要传承人文化水平普遍较低，"部分传承人在传承思想上持保守态度，接触新事物的能力有限，在新技术的应用上只能寄希望于年轻传承人或其他服务团队"[2]，这也导致部分老一辈非遗传承人缺乏与时俱进的发展理念，不能及时

---

[1] 杨汝远．论非遗文化在现代化进程中的守望与传承——以越剧为例[J]．汉字文化，2021（6）：175-177．

[2] 路瑞红．河北非遗活态传承的思路及对策研究[J]．文化学刊，2023（4）：18-21．

顺应时代潮流，在非遗传承中处于单向输出、难以互动的弱势区间。与此同时，老一辈非遗传承人在对新媒体、新技术的使用上缺少经验，更多依靠传统的纸媒、电视节目、活动推广等，这些传播渠道往往耗时长，且更倾向于单向传递，受众接受效果不佳，其传播力和影响力日渐式微[1]，这也导致了部分大众对非遗的理解不足，将其误认为是一种"过去式"产物。

4. 外宣翻译质量，决定非遗"走出去"受众理解与接受程度

"外宣翻译是指以汉语为信息源，以其他语言为信息载体，以媒体为传播渠道，以他国民众为受众目标的交际活动。"[2]非遗对外宣传工作是中国文化"出海"的一个重要途径，而文本内容选择、非遗名称及文化专有项是对外宣传工作的焦点与难点。结合学者的相关研究和非遗外宣翻译的现状发现，当下我国非遗外宣翻译还存在本土翻译理论应用不足、忽视译介受众反馈机制建设以及翻译高端人才培养的短板[3]，具体表现为外宣资料语言不规范，中式英语夹杂其中，在部分非遗宣传片中，没有考虑接受者所在国家的具体国情，这无疑是利用了大量的资金与资源的"事倍功半"，阻碍了纪录片或者宣传片对于国际市场的投放，难以将耗费大量精力

---

[1] 曾贞. 广西非物质文化遗产海外传播与职业教育国际化发展的融合路径[J]. 广西教育, 2022（3）: 19-21+46.

[2] 胡兴文, 张健. 外宣翻译的名与实——张健教授访谈录[J]. 中国外语, 2013, 10（3）: 100-104.

[3] 谷旭光, 李辉, 崔丽. 非物质文化遗产外宣翻译研究综述[J]. 河北科技大学学报(社会科学版), 2021, 21（3）: 98-105.

的影像资料价值最大化。

非遗真正的"走出去"需要结合非遗的特性，向国外受众普及中华民族的历史传统和非遗文化，并非仅仅通过媒介展示非遗制作技艺与工序，非遗技艺背后民俗文化的传播才是非遗"走出去"的基础和前提。例如，江西省南昌市市级非遗项目——池溪脯辣椒制作技艺，其在进行海外传播时不能仅局限于向国外受众展示辣椒的制作技艺与制作工序，还应考虑南昌市地理地貌及环境因素，以本地区人民在历史上吃辣椒的文化习俗与传统为出发点，在受众了解其吃辣椒的民俗传统基础上了解学习其非遗制作工序，这是池溪脯辣椒制作技艺"走出去"的出发点和落脚点。这就需要对非遗发展的历史脉络进行系统梳理，通过翻译，以不同版本的外文版资料的传播带动海外受众了解与学习非遗背后的历史发展脉络和文化民俗知识。另外，宣传的翻译通常都是有目的的，优质的宣传翻译应该将各国的风俗习惯、文化喜好、语言特征等因素都加以充分的考量，将非遗项目本身的特点和观众所处的地方的风俗习惯相融合，尽可能地满足观众的语言习惯，并避免采用禁忌的词语来进行有针对性的译文，从而最大限度地发挥非遗的传播作用。

（二）非遗"走出去"的建议

1.精准叙事：降低非遗传播的语境壁垒

在漫漫历史长河中，非遗源于生活生产所需，又是先辈们在满足温饱之余追求精神文明而创造的民俗、艺术等形式，展现了不同历史时期、不同地区的历史特色，是现代人宝贵的文化财富，集中体现为世界各国人民长期生产生活的传承实践成果，必然刻有本地区、本民族鲜明的文化烙印。作为具有中华文化深刻内涵的非遗，其先天带有中国文化所具有的高语境文化的典型特征。中国文化处在高语境文化的极端，在这样的语境中成长，民族精神已经内化在每一个中国人的无意识当中，并决定了中国人的价值认同，此种价值认同在非遗中具有鲜明的体现。这也就使得通过艺术创意、文化贸易等对非遗进行大众传播时需要考虑语境壁垒，降低传播门槛，实现精准叙事。

降低非遗传播的语境壁垒，需要"跳出文化来看文化"，即不仅仅强调文化本身所蕴含的思想，还要通过诸如情感打动受众，推动受众的认知与接受，让非遗文化成为一种生活理念或生活方式，进而不断实现对非遗产品背后文化内涵的理解与接受度。情感作为非遗传播过程中的一大要素，以情感为核心是消除非遗传播过程中高低语境差异，打破传播"碎片化"和"浅表化"壁垒的有效方式，"如果不能引起情感上的共鸣，得不到共同体、群体和个人的认可，非物质文化遗产传承出现断层，就会面临生存的危机"[1]。依托情感实现非遗传播需要精准叙事，其基本逻辑在于非遗推广主体需要从海外受众对生活方式的认知和接受的角度推广非遗文化与非遗产品，将非遗文化的理念与海外受众的生活情感相互嫁接。一

---

[1] 王巨山. 非物质文化遗产的特征及其保护的再认识[J]. 社会科学辑刊，2006（5）：165-167.

方面，可以考虑将我国非遗在"走出去"过程中与国外其他非遗项目或重大活动展览进行嫁接形成情感共鸣，如自2010年开始，来自德国的设计师克里斯和同伴张雷夫妇在杭州组成工作室，从油纸伞开始，研究相关中国文化及传统材料和手工艺的未来。此后，克里斯和同伴以"飘"命名的纸椅出现在米兰设计周，将中国风格引入到世界设计界，并一举拿下米兰家居展设计师卫星展览的大奖，而中国民族深厚的文化底蕴，也逐渐成了克里斯与中国友人创作的不竭源泉。另一方面，以受众所在地本土文化观念与习俗的视角依托多种媒介精准地讲述非遗项目背后的历史背景与理念，是实现非遗精准叙事的题中应有之义。

2. 技术赋能："体验经济"增强非遗受众接受度

"5G+"万物互联驱动数字化体验经济的浪潮已是助推非遗数字化创新的重要引擎和增长新动力。例如，通过5G网络超高速的数据传输，能够将精美的非遗手工艺制作细节以4K甚至8K超高清画质实时传输到全球各地，让观众仿佛置身于非遗传承人的工作坊中。在当今注意力稀缺的时代，非遗传承作为一种历时性传播，还需要依托技术的加持实现共时性传播。

日新月异的数字技术为非遗"走出去"带来了前所未有的机遇，如社交媒体平台在数字化传播中日益发挥了主力作用，数字影音创作和传播成为非遗"走出去"的重要突破口，随着数字科技的日益完善，非遗数字博物馆的建立也得到了进一步的发展。但是从非遗的自身特点来看，在其发展过程中，大部分都是通过人们的口传心授、言传身教和代代相传来进行的，其特有的生态性、活态性和变化性，使得它的传承很难进行[①]。此时技术的介入则在一定程度上解决了传统非遗难以实现大众传播的难题。技术赋能的逻辑通常表现为通过作用于受众多重感官（如视觉、听觉、嗅觉等）进一步强化受众对非遗的接受与感知。将非遗转化为数字化的图片、视频等能够打破时空作用于受众多种感官仅是强化非遗"走出去"的第一步。技术赋能强化非遗"走出去"效果的实质是推动"体验经济"的发展，即通过数字技术的介入打破行业边界，以非遗资源为契机推动传统行业融合升级或营造新兴业态。例如，2022年，彼时"元宇宙"热度持续攀升，为沉浸式文旅的发展带来重要契机，结合交互叙事"非中心化"故事新形态，独有的非遗数字人IP一时火热，创造出丰富的品牌传播形式，非遗旅游等愈发具有沉浸感、科技感、补偿感。

3. 人才培养：形成非遗传承人培育的激励机制

非遗传承人既是非遗文化的创作者，也是非遗文化的传播者和生产者。非遗传承人的传播实践引发同属文化场域的传承人、受众、媒介、文化、经济等各要素之间产生关联，不断建构新的文化空间[②]。因而，非遗传承人作为非遗传承的核心要素，在非遗"走

---

① 姚国章. 我国非遗数字化传播所面临的困境与应对之道[J]. 西华大学学报(哲学社会科学版)，2023，42（4）：75-82.

② 谢春. 非遗传承人的传播实践与文化空间再造——以绵竹年画为例[J]. 现代传播（中国传媒大学学报），2021，43（9）：98-103.

出去"的过程中不能缺语与失位。就当前非遗传承人培养过程中所遇到的诸多困境而言,其问题的本因在于对绝大部分非遗传承人而言,将非遗技艺应用于非遗产品生产难以获取可观的经济收益,难以成为稳定的生活收入来源,这使得诸多学徒望而却步。就当前我国非遗传承人的主要传承路径来看,家族技艺传承与师徒传承、通过培训教育传承、依托媒介进行传播是展示非遗技艺、传播非遗文化内涵的主要路径。家族技艺传承与通过培训教育传承重点解决非遗技艺能否妥善保存下来的问题,媒介式传播则不仅仅是扩大非遗知名度,推动非遗"出海",亦是打破非遗发源地自身传统的地域边界限制,推动非遗合理融入消费社会的重要路径。"现代社会是消费主导型社会,只有将非遗合理地融入消费社会,使其衍化为现代社会中的消费品,才能激发其活力,保持传统文化的生命力"[1],这需要增加创意产业、视听传媒产业的新型人才,让新型人才与非遗传承人相互协作,通过市场效益与市场需求的扩大倒逼非遗传承人的规模扩大,以经济效益作为激励机制,是解决当下非遗传承人不足问题的一条重要路径。

4. 非遗外宣:传播者与受众双向奔赴的先导

我国在2001年成功申报第一个"文化遗产"以来,各级非遗保护体系已经基本建立起来。非遗"对外宣传"是中国"走向世界"

---

① 桂胜,孙仲勇,李向振. 文化空间再造与少数民族"非遗扶贫"的路径探析——基于鄂西恩施市的田野考察[J]. 西南民族大学学报(人文社科版),2019,40(1):29-35.

的一个重要途径，也为中国传统文化"走出去"开启了一扇重要窗口，已然在文化"走出去"战略中占据举足轻重的地位。推动非遗外宣与非遗"走出去"的目标效果相匹配，则无法忽略译者和受众等最具有能动性的主体因素。就像西班牙译者艾克西拉所说，译语文化中的"文化专有术语"是指那些被普通的受众或者权威人士所无法了解和接受的东西。她指出，翻译中的"功能"和"意义"是翻译过程中出现的问题，因为译语受众的文化体系中没有相应的条目，也没有与之相异的篇章，这就给翻译带来了障碍[1]。基于艾克西拉这一论述，非遗外宣作为我国非遗"走出去"的先导，制约着受众对非遗的理解与接受程度，亦是非遗能否实现精准叙事的关键力量。对于译者来说，译者是整个翻译活动中最关键的环节，也是最重要的一环。要想在两种文化之间架起一道沟通的桥梁，就必须认清源语与译入语的本质和差别，并努力消除两者在文体、逻辑和文化上的不同。通过组建非遗翻译的专家库，完善非遗外宣人才培养、遴选和监督体系，将其纳入非遗人才培养的重要一环，一定程度上有助于减少当前非遗外宣的乱象和不足。对于受众而言，海外受众来自于一个与中国有着不同的历史文化、风俗习惯和思维模式的环境，这需要在面对海外受众时，循序渐进，通过体验加深受众理解，引导其强化对我国非遗文化的认同感。例如，《花木兰》在海外推广的模式，将部分非遗民间文学类的作品以英文卡通读物的形式进行

---

[1] 傅琬益. 非物质文化遗产外宣英译策略——以夹江年画为例[J]. 海外英语，2016（21）：111-112.

海外推广，培养国外受众的文化认同感，并适时推动《花木兰》在海外落地，这为我国非遗"出海"提供了重要的经验借鉴。

四、非遗"走出去"的未来路径

（一）依托新媒体优势，构建立体传播路径

在信息社会中，新媒介迅猛发展，为人们的生活创造了更为广阔的空间，利用新媒介的优势开展非遗的传播具有快捷、形象、立体、高效的特点，为此，我们必须要制定一套适合的视频传播战略，持续提升视频传播的品质与水准，使非遗得到有效的宣传与传播。一是立足于大众生活的基础上，借助新媒体创新非遗传播内容。非遗并非高高在上的遗产形态，其于大众在认识自然、改造自然的历史生活过程中产生，因此发端于大众生活，也应在国际传播过程中落脚在大众生活之中。这就要求其与公众生活中的知识性和趣味性相结合，让观众产生浓厚的兴趣，或是将其与传承人、观众团体的真实文化生活、妙谈趣事相结合，增强传播的真实性与生命力，实现将传统与现代化相结合的目的。二是要针对观众的偏好与需要，对非遗"走出去"进行创意宣传。针对国外观众的偏好和社会需要，通过视频形式进行传播。例如，在非遗的起源地等现实环境中进行拍摄，并依托现代化技术手段，运用海外受众广为喜爱的动漫IP等形式再现非遗的文化内容。三是依托新兴媒介平台，拓宽非遗海外传播渠道。通过在国外的线上平台进行互动，展现中国

的非遗内涵，多平台、多角度、多板块、多方式地进行非遗图文介绍、非遗作品视频展示、主要传承人介绍和采访，让海外受众了解真实、立体的中国非遗历史文化，以此加大非遗海外传播力度，扩大非遗的受众面。

（二）把握国际话语受众特点，精准传播中国非遗故事

我国非遗"走出去"所面对的受众是多元化的，其对外宣传的受众可以是华侨华人、海外政府机关、企业或个人。由于他们与我国本土的受众人群有着不同的文化背景和社会生存环境，在文化价值、利益诉求、接受能力等方面都存在着差异，因此，不同的受众人群对于我国非遗的认识和接受是存在差异的。在"走出去"的今天，我们要对国外受众给予更多的重视，通过调研等方式深入地了解国外受众的价值观和思维方式，"只有当对外传播的主题和话语方式与受众的需求和方式相融合，才能取得理想的传播效果。"① 在非遗文化"走出去"进程中，语言的内涵是影响我国非遗"走出去"进程和传播效果的重要因素，而非遗的历史演变、认定和保护利用等基础性的科研工作以及它们的研究结果的跨文化和跨语言转换工作，将直接影响到国外受众对非遗文化的认知程度。在这个进程中，我们要注重对这些资源的记录、整

---

① 刘颖，孔倩. 中国非遗对外传播话语体系构建研究：范畴与方法[J]. 现代传播（中国传媒大学学报），2022，44（7）：64-69+136.

理、开发、原创、批评和研究。通过数字化录音、数字化录像、建立数据库等数字化的信息方法，对非遗进行抢救性记录和整理，无疑是目前最为直接和最有效的一种保护方法，同时也是一种适合于目前形势的新的交流模式。它不仅仅是一项单纯的文字记载与整理工作，更需要将各种繁杂的编码工作有机地融合在一起，在保护与创新的同时，更要起到研究与批判的媒介功能。这样的工作应该分别在民间艺术的原产地和城市里的学术机构两个端点展开，应该支持这两端的广泛接触与互动①。通过现代化数字手段，为非遗提供可再生、可共享的数字化产品。另外，需要通过外宣较为准确地将中国的"非遗"文化及其背后的历史故事有效地讲述出来，以符合受众观念与习俗的方式呈现，在不同的社会文化语境中生产与"我"方不同的中国非遗话语，实现其话语目的，完成非遗"走出去"的传播话语行为。

（三）乘"一带一路"战略东风，推动非遗"走出去"双向交流与对话

习近平总书记于2013年提出共建"一带一路"的倡议，旨在高举和平发展的旗帜，积极推动国际区域间经济、政治、文化的全方位合作交流，是世界各国共享和平、共同发展的区域合作举措，

---

① 章建刚，王亮，等. 山西省民间音乐遗产的传承与保护[M]. 北京：中国社会科学出版社，2007：106-107.

得到沿线国家和地区的普遍认可与支持。文化是"一带一路"建设的重要力量,"一带一路"建设的重要土壤,就是充满文化活力的民间交往和交流[1]。原国家文化部曾在《文化部"一带一路"文化发展行动计划(2016—2020年)》中提出:"要健全'一带一路'文化交流合作机制,推动与沿线国家和地区建立非物质文化遗产交流与合作机制。"[2]非遗作为中华优秀传统文化,蕴藏着丰富的"中国精神"与"中国故事",承载着中华民族一代代传承下来的现代表现形式。文化因为沟通而变得丰富多彩,文化因为互相学习而变得更加精彩,我们以"一带一路"为契机,推进非遗走向世界,重在实现双向的交流与对话,避免传统的单向输出所引发的传播效率低下的弊病。"一带一路"上的中国学者和"中国通",以及"知华"、"友华"和"亲华"的专家学者,是中华民族民间的一支潜力巨大的力量。利用他们乐于对中国的传统文化进行研究与继承,同时也具有对我国的文化环境有所了解的优势[3],通过他们将具有鲜明的时代感、浓郁的文化气息、丰富的艺术表现力、充满浓郁的中国传统文化审美风格的优秀非遗作品传递给海外受众,带动海外受众更深入地了解中华民族的非遗文化,促进海外华人与侨胞的沟

---

[1] 郝时远. 文化是"一带一路"建设的重要力量[EB/OL].(2015-11-26)[2023-05-05]. https://www.yidaiyilu.gov.cn/p/8907.html.

[2] 文化部"一带一路"文化发展行动计划(2016—2020年)[EB/OL].(2016-12-29)[2023-05-05].http://www.gov.cn/gongbao/content/2017/content_5216447.html.

[3] 王晓俊. 河南非物质文化遗产在跨文化交际中的传播研究——以豫剧为例[J]. 新闻爱好者,2018(3):75.

通交流，让我们的非遗在"一带一路"上生根，这样一方面能把海外游子同自己的故乡维系起来，另一方面借助非遗助力我国人民与"一带一路"沿线人民民心相通。

（四）实施内外部传承策略，提升非遗"走出去"的传播成效

1. 以高校平台为基础，组建非遗国际传播生力军

非遗的生存与发展离不开人才的培养，没有持续的发展与传承，就是巧妇难为无米之炊。政府部门要加大对非遗的宏观开发力度，针对不同的团队和人才的特点，制订出适合的长期人才培养计划，形成一支具有一定规模、结构合理、素质良好的非遗人才队伍。非遗国际传播的人才队伍建设可以依托国内高校、研究院等教学科研平台，实施"引进来"和"走出去"的非遗传播人才队伍建设模式。"引进来"即一方面充分发挥国内高校、研究平台作为智库的科研力量，通过与景区合作充分将非遗项目与国内精品旅游景点相结合，以入境游的形式让国外游客在我国游览过程中体验非遗、了解非遗。另一方面通过教学单位设置非遗理论与实践课程，利用高校优质资源，将非遗的历史与保护、传承与发展等不同课程纳入到高校课程的不同环节与体系中去，如相关的专业开设以非遗为核心的基础课程，在全校各年级、各专业开设具有融合性与前瞻性的非遗选修课，通过学成返乡的留学生向其家乡好友传播我国的非遗文化。"走出去"即通过国内教学科研

单位培养既懂非遗又具有国际化视野的学生，依托中外文化交流活动、孔子学院等途径，传播非遗文化，讲授非遗知识，让海外受众熟悉其文化特征、制作工艺、表演形式，进而形成良好的非遗传播氛围。

2.以国际文化贸易为抓手，推动非遗产品"走出去"

文化商品与服务贸易份额在国际贸易总量的占比中不断增加。尤其是近些年来，伴随着国家文化产业的不断发展，以及国家"走出去"政策的实施，我国的国际文化贸易得到了快速的发展，其出口商品的数量也在不断增加。我国文化交流的内涵，可以归纳为两个方面：一方面是从中华文明产生至今，经久不衰的传统文化，特别是中华各族人民在漫长的岁月里所形成的各种无形的文化遗产；另一方面则是富有现代技术和经济元素的、丰富多彩的现代文化[1]。近年来，无论是《云南映象》等民族歌舞艺术"走出去"，还是以"淘宝村"为平台的传统手工艺品出口，都是与中国非遗内容直接或间接相关的经济活动[2]。就国际贸易与非遗"走出去"的关系而言，二者相辅相成。结合非遗产业"多品种、小批量"的范围经济特征，小众化的非遗项目想要生存与发展，必须面向全球市场开展生产，走定制化的道路；通过全球市场，支撑起众多非遗特

---

[1] 李嘉珊. 中国对外文化贸易概论［M］. 北京：高等教育出版社，2013.
[2] 林航. 中国非遗国际贸易促进体系构建研究[J]. 兰州财经大学学报，2018，34（6）：87-98.

色产业[1]。而通过国际文化贸易传播非遗，是非遗在海外实现可持续发展的必由之路。这是因为从文化消费的角度而言，消费者愿意为非遗文化产品或服务买单，其对相关产品或服务是认可与接受的，在一定程度上能满足消费者的精神文化需求，意味着文化产品或服务的形式或内容的设计理念、文化内涵等与消费者的生活认知具有某种契合度，通过购买文化产品使得文化以"润物细无声"的方式影响消费者的文化认知与接受理念，因此，非遗产品与服务的销量在一定程度上也反映出了非遗"走出去"的成效。

---

[1] 林航. 中国非遗国际贸易促进体系构建研究[J]. 兰州财经大学学报，2018，34（6）：87-98.

第二章

非遗项目及非遗传承人 "走出去"实例分析

研究非遗"走出去"，非遗代表性项目和非遗项目代表性传承人是不可或缺的一部分内容。截至2022年12月，中国共计43项非遗项目列入联合国教科文组织非物质文化遗产名录（名册），总数位居世界第一。截至2021年6月，我国的国家、省、市、县4级非物质文化遗产代表性项目名录共认定非物质文化遗产代表性项目10万余项。作为传承、保护、延续、发展非遗代表性项目的重要角色，各级非遗项目代表性传承人肩负延续中华传统文脉的责任，也在遗产传承实践活动中为我国非遗事业不断注入新的生命力。截至2022年11月，国家级非遗代表性传承人共3057人，省、市、县各级非遗项目代表性传承人数万名。

本章综合了中国非物质文化遗产网·中国非物质文化遗产数字博物馆、非物质文化遗产代表性项目官方网站、文旅产业指数实验室媒体等权威渠道提供的信息，通过筛选、沟通，最终选定5个国家级非遗代表性项目和5位国家级非遗代表性传承人进行实例分析，分别为：景泰蓝制作技艺及其传承人钟连盛、京剧及其传承人张四全、蓝印花布印染技艺及其传承人吴元新、京作硬木家具制作技艺及其传承人刘更生、水族马尾绣及其传承人韦桃花。以非遗项目"走出去"的历程和现状、非遗项目"走出去"的途径、非遗传承人"走出去"的实践，以及对非遗"走出去"的思考4个方面为切入点，对非遗传承人进行实地采访、拍摄，最终形成本章文字、图片及视频内容。

通过对非遗代表性项目及其传承人"走出去"进行实例分析，试图挖掘目前非遗"走出去"较为成功的策略，并拓宽非遗"走出去"

的思路，为提高非遗"走出去"的成效提供切实可行的实践经验。

一、景泰蓝制作技艺及其传承人"走出去"的实例分析

景泰蓝学名为铜胎掐丝珐琅，至今已有600多年的历史。历史上，景泰蓝一直作为皇室的贡品，凸显着皇者地位，具有非常鲜明的工艺和艺术特色。

景泰蓝制作技艺综合了青铜和珐琅工艺，兼具传统绘画和金属錾刻工艺。一套完整的制作工艺包括设计、制胎、掐丝、点蓝、烧蓝、打磨、镀金多道主要制作工序。具体来说，设计好纹样后首先是在手工打造的铜质胎型上，用较软的扁铜丝按照图纸掐成各种花纹并焊到器壁上，然后把珐琅质的色釉填充在花纹内烧制，最后经过打磨、镀金而成。技师需要在胎体上手工描图、掐丝、粘丝、焊丝，点润珐琅釉料3~4遍，并经过8次600~800℃的高温烧制，最终打磨抛光、镀金。一件景泰蓝制品采用了金银铜及多种天然矿物质釉料为原材料，集美术、冶金、雕刻、镶嵌、玻璃熔炼等专业技术为一体，古朴典雅，精美华贵，具有鲜明的民族风格和文化内涵。

景泰蓝制作工艺堪称中国传统手工艺集大成者，每道工序都需要一位技师专人负责。小到一枚戒指，大到一个赏瓶，每位技师从进工厂学习，到最后取得国家级职业技能等级鉴定的高级技师，其过程正是工匠精神的完美诠释。

（一）景泰蓝制作技艺"走出去"的历程及现状

景泰蓝制作技艺"走出去"有其本身的特殊性，想要谈论景泰蓝制作技艺"走出去"，就不得不先明确其由来。目前，专家学者们对于景泰蓝制作技艺的缘起和发展有3种说法。

本土说：春秋时越王勾践剑的剑柄上曾经出现了烧制有珐琅的釉料，日本正仓院收藏的唐朝时期的铜镜背面，也有着各色珐琅组成的花纹。因此，很多专家认为景泰蓝源自中国。

舶来说：公元前1300多年，古希腊塞浦路斯的小岛上出土了6枚距今约3300年前的戒指，掐丝清晰，是有记载的最早的珐琅工艺实物。4—6世纪，珐琅工艺在欧洲的拜占庭帝国就已经非常盛行。11—12世纪，珐琅工艺往东传到波斯帝国，即现在的伊朗。到13世纪，珐琅工艺传入元代的中国。

融合说：中国的金属工艺发达之后，一些国外的工艺传进来，就会形成中外融合发展。清乾隆年间是景泰蓝制作技艺发展的鼎盛时期，工艺不断进步，釉料品种也逐渐增多，皇室如意馆的画师、国外的传教士郎世宁等也参与工艺设计，使景泰蓝制品更加丰富精美。

无论是舶来说，还是融合说，都表明景泰蓝在历史上就有着鲜明的国际交往背景。应当指出，明清时期的景泰蓝多为宫廷御用，极少走入民间，而直到清朝末期，才作为商品出现在市场上。据有关史料记载，景泰蓝在道光年间开始出口。清末民初，社会动荡，景泰蓝制作行业凋零，传统手艺濒临失传。因此，本书只讨论1949年10月新中国成立起,到2000年3月党中央提出"走出去"战略后,景泰蓝走向世界大概经历的几个历史阶段。

第一个阶段,20世纪50—80年代。新中国成立后,党和国家高度重视传统工艺的抢救、保护和扶持工作。与此同时,中国著名建筑学家林徽因携常沙娜、钱美华等人在清华大学营建学系成立工艺美术抢救小组,抢修恢复景泰蓝制作技艺。1956年,公私合营后,42家私营珐琅厂和专为皇宫制作的造办处合并成立了北京市珐琅厂(现为北京市珐琅厂有限责任公司),使景泰蓝重新获得生机。这个阶段,景泰蓝为国家的经济建设、出口创汇做出了巨大贡献。北京市珐琅厂作为出口创汇大户,生产的景泰蓝制品几乎全部出口,大约占到景泰蓝艺术品创汇收入的八成左右。

第二个阶段,20世纪90年代。我国开始建立社会主义市场经

古代景泰蓝制作情景图

济体制，外贸体制进行改革，打破了景泰蓝制品只由外贸公司在北京单一口岸出口的格局，各企业都可自营出口。加之景泰蓝制品换汇率高，又可小规模经营，因此，街道、乡镇企业蜂拥而起。但当时处于市场经济初期，监管缺位，制作无序，使得大批低水平、粗制滥造的景泰蓝制品充斥市场，并出现无序竞争的混乱局面，加之多年出口导致海外市场趋于饱和，北京工艺美术行业生产经营跌入低谷，景泰蓝制品的出口受到重创。

北京市珐琅厂及时有针对性地进行客群划分、调研、设计，通过对市场的研究判断，时任总工艺师李新民带领团队学习研究不同群体的风俗、习惯、生活方式、社会心理、审美情趣等，将景泰蓝制品定位为"国内、国际、旅游"三大市场，并据此开发了华夏文化、欧美文化和伊斯兰文化三个文化系列产品，满足不同消费群体的需求。经过市场—设计—评估—生产—销售的多次反复，一大批满足不同消费群体的、具有鲜明文化内涵和时代感的产品问世：有以《太白瓶》为代表的华夏文化系列产品，以《雅典杯》为代表的欧美文化系列产品，以《斯坦瓶》为代表的伊斯兰文化系列产品。这些产品风格迥异、造型简练、色彩协调，明显区别于以往传统风格的景泰蓝制品。其装饰图案多数为现代图纹，包括借鉴国画、油画的图案，也有平面构成等抽象图纹，迎合了当代人的审美心理。

第三个阶段，21世纪至今。国家大力扶持各类非遗项目、传统手工技艺的发展，出台了一系列政策，为景泰蓝制作技艺"走出去"创造机会、提供空间，使景泰蓝作为国礼频频亮相国际舞台。在此期间，北京市珐琅厂也积极探索新出路，不断提升"京珐"品牌，加大新产品的开发力度，以更具创意的方式拓宽思路，开拓景泰蓝的应用领域，促进景泰蓝制作技艺更好地发展、更好地"走出去"。

（二）景泰蓝制作技艺"走出去"的途径

1.国礼

景泰蓝作为国礼出现在外交舞台上，有着悠久的历史。新中国成立后，在1952年中国承办的首次国际会议"亚洲及太平洋区域和平会议"上，国家领导人将景泰蓝台灯、烟具、金漆套盒、花丝胸针、敦煌图案丝巾等赠送给外国元首，这被郭沫若先生誉为"新中国的第一份国礼"。

景泰蓝经常作为国礼出现在我国外交活动的礼品单上，特别是改革开放以来，景泰蓝更是频频现身于各种国际交往场合。据不完全统计，景泰蓝作为国礼的外交事项如下：2008年，《奥运大瓶》作为中国政府赠送给国际奥委会的珍贵国礼，被永久陈列于国际奥委会大楼；2011年10月，《天圆地方》"国盘"套装被选定为第八届中国—东盟博览会指定国礼；2013年6月，《凤舞九天》赏瓶作为国礼赠送给韩国总统朴槿惠；

《四海升平》赏瓶

《四面方尊》　　　　　　《盛世欢歌》赏瓶

2014年2月,《一帆风顺》作为国礼赠送给俄罗斯总统普京;2014年11月,《四海升平》赏瓶作为国礼赠送给亚太经合组织峰会各国领导人;2014年,《天鹅瓶》入选国礼赠送给新西兰总理约翰·基;2015年5月,《缠枝莲镀金龙耳瓶》作为国礼赠送给俄罗斯总统普京;2015年5月,《双耳扁瓶》作为国礼赠送给白俄罗斯总统卢卡申科;2015年9月,为纪念联合国成立70周年,向联合国赠送《和平尊》;2015年10月,《友谊之船》作为国礼赠送给英国女王伊丽莎白二世;2016年5月,《友谊之船》作为国礼赠送给印度总统普拉纳布·慕克吉;2017年1月,向世界经济论坛赠送国礼《四面方尊》;2017年1月,《盛世欢歌》赏瓶作为国礼赠送给联合国日内瓦总部；2017年4月，景泰蓝和内画结合国礼《如意尊》赠送给美国总统特朗普；2017年5月，"一带一路"国际合作高峰论坛上，《共襄盛事》赏瓶作为国礼赠予多国领导人及其配偶……

2.展览与展会

弘扬中华优秀传统文化，除了通过赠送国礼方式，还通过参加国际展览与展会，宣传介绍景泰蓝制品和制作技艺等。

近年来，为促进非遗行业发展，全国各地的作品交流评选展览与展会层出不穷。国家文化和旅游部、中国轻工业联合会、国家商务部、中国工艺美术协会、中华老字号振兴发展委员会等部门，每

景泰蓝大型壁画《三山五园》亮相首届中国国际进口博览会

年都会举办大型展览、对外交流活动等，如前往德国、俄罗斯、芬兰等国家进行作品展览。

多年来，景泰蓝一直积极参加中国进出口商品交易会、中国国际进口博览会、中国国际消费品博览会等国内外大型展会，让更多的人了解景泰蓝背后的中国文化。这些国内外大型展会在消费促进、产业升级、文化引领、民族自信等方面发挥着重要作用。

（三）景泰蓝制作技艺"走出去"的政策支持

国家非常重视非遗保护和发展，各级政府出台多种相应政策，提供大力支持。

国家先后颁布了《中华人民共和国非物质文化遗产法》《非物质文化遗产保护条例》等；作为地方法规的《北京市非物质文化遗产条例》也于2019年6月1日开始施行。国家及地方政府每年也都为振兴传统工艺，对景泰蓝制作技艺提供资金扶持。其中，包括国家级传承人传承津贴，以及以项目立项的形式对景泰蓝制作技艺进行资助。同时，也会设立多类基金对项目进行扶持。如为鼓励景泰蓝艺术人才培养、使景泰蓝制作技艺能更好地传承，国家艺术基金以及北京文化艺术基金资助支持"景泰蓝艺术创新人才培养"项目；北京市政府资金支持市级工艺美术大师的评选工作，资助鼓励带徒传艺的带徒津贴，等等。

国家商务部、中华老字号工作委员会等部门还会策划并开展多种多样的展会，为景泰蓝等老字号、传统手工艺提供充分的交流展示平台，促进国内外友人更好地认识、了解中华优秀传统文化。此外，国家艺术基金和北京文化艺术基金还对景泰蓝艺术巡展传播项目进行支持。

（四）景泰蓝制作技艺传承人钟连盛"走出去"的实践

钟连盛是我国首批国家级非遗景泰蓝制作技艺代表性传承人、

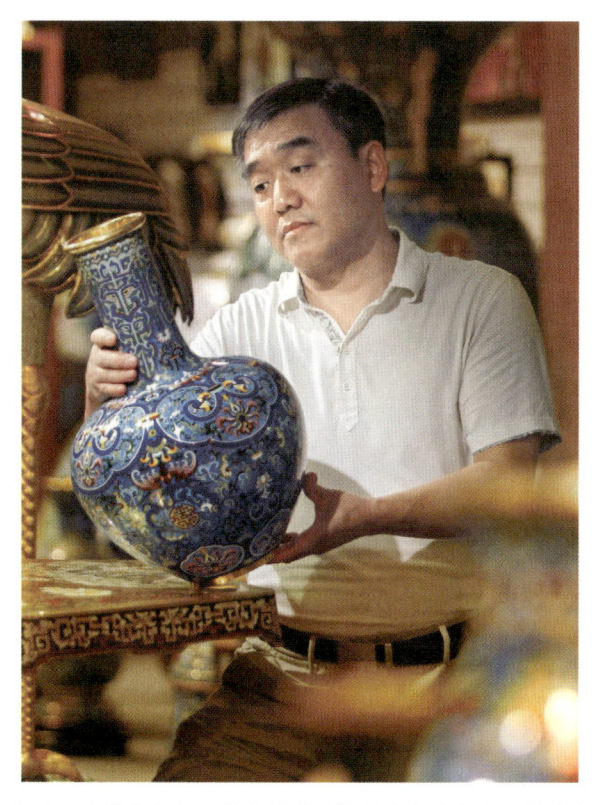

中国工艺美术大师、景泰蓝制作技艺代表性传承人钟连盛

中国工艺美术大师、北京市特级工艺美术大师、正高级工艺美术师、北京市珐琅厂有限责任公司总工艺师,曾获2010年"全国劳动模范"等多个荣誉称号,其作品在多个展览、赛事等活动中屡次斩获大奖。

为推动景泰蓝制作技艺"走出去",钟连盛做了多方面的努力和实践,不断寻求更多对外传播的途径。他所在的北京市珐琅厂不断打造、提升"京珐"品牌,坚守"质量第一,艺术至上"的原则,紧紧依托人才技术的优势,扬长避短,打造高端产品,实施品牌战略,把继承与发展、传统与创新有机结合,不断开发研制新产品。

为了让景泰蓝制品符合时代精神风貌,钟连盛发扬梁思成、林徽因及景泰蓝艺术大师钱美华、米振雄、戴嘉林等前辈的优良传

钟连盛创作的景泰蓝系列制品《荷梦》

统，在原有基础上钻研创新，使景泰蓝制品更具时代气息，并以"国礼"身份亮相多场国事活动。通过这些国事活动，借助媒体向世界展示了景泰蓝的传统制作技艺，弘扬了中华优秀传统文化。

  钟连盛积极寻求场景突破，在企业领导的带领下，同工艺美术大师、工程师们联合攻关，使景泰蓝制作技艺的应用从原来的陈设品，逐步向室内外建筑装饰工程、城市景观工程等更多领域延展。例如，国家重要的礼仪场所——怀柔雁栖湖国际会议中心的集贤厅，无论是大门的拉手、墙上的壁饰、屋顶的藻井，还是灯池等，都融入了景泰蓝的装饰元素，既体现了东方的含蓄，又向外宾展现了特定礼仪场合的辉煌。

2014年11月，景泰蓝元素亮相雁栖湖国际会议中心集贤厅

钟连盛还努力实践景泰蓝向实用化和国际化方向发展，让产品更贴近现代人需求。例如，他与设计团队经反复试验研发出"大师""敦煌""宋画"等系列珐琅腕表，让传统文化与现代文明交相辉映、历史文脉与时尚创意相得益彰。再如，北京市珐琅厂于2019年开办了首家景泰蓝文化衍生品店，将传统文化的元素融入胸针、杯垫、冰箱贴、抱枕、胶带等文创产品的创意中。这些都为景泰蓝以新面貌"走出去"提供了新思路。

景泰蓝文创产品

（五）对景泰蓝制作技艺及其传承人"走出去"的思考

1. 景泰蓝制作技艺"走出去"的优势分析

景泰蓝作为历史悠久的工艺美术品，可以说其目前的制作技艺表现形式比以往任何一个时代都更加成熟。如今，景泰蓝制作技艺代表着中华民族独特、高超的艺术水平，展现了中国深厚的文化底蕴。景泰蓝多次被选为国礼，赠予其他国家元首政要，也使得景泰蓝成为一种对外交流的标志、符号。

2.推动景泰蓝制作技艺及其传承人更好"走出去"的建议

不可否认，文化差异使外国友人较难理解景泰蓝产品中蕴含的中国文化内涵，导致近年来景泰蓝产品出口较少。这也造成了景泰蓝制作技艺"走出去"的模式受到局限，即多数情况下，景泰蓝只能被作为国礼、政务商务礼品、高端收藏品等，这使景泰蓝的审美取向以追求精美精致、雍容华贵为主。但随着时代的变迁，在许多匠人和工艺美术家的努力下，景泰蓝制作技艺和表现形式不断传承与创新。通过运用新的设计理念，新的制作工艺和材料，现代科技与传统工艺相结合等方式，使景泰蓝产品更加体现时代特色，更加符合当代审美。因此，景泰蓝传统制作技艺的传承，需要用发展的眼光来审视，在运用现代科技手段进行推广的同时，更重要的是在探索时代需求的前提下进行传承和发展，这样才能让景泰蓝传统制作技艺在更新更广的道路上发展。只有不断创作新的时代作品，才能更好地保护和发展民族文化。

正如钟连盛提到的，今后的发展，除了要延续景泰蓝传统制作技艺的特点，留下时代精品力作，更要拓宽思路和方式，让景泰蓝制作技艺进入人们的生活。既要原汁原味地保留和继承传统文化，又要让它见人见物见生活，要让非遗跟人们的生活联系起来，满足人们对美好生活的需求。这些方面融合到一起，才能更好地传承传统文化，只有不断创新、紧跟时代、贴近生活，才是景泰蓝及更多传统工艺美术作品永葆生命力的关键。

此外，加强传承人队伍建设，解决后继乏人的问题，也是让景泰蓝制作技艺延续并创新发展的关键所在。

扫码看视频

二、京剧及其传承人"走出去"的实例分析

京剧，又称平剧、京戏。作为中国国粹、世界非物质文化遗产，京剧具有极高的艺术价值和文化价值。

京剧是一种独具特色的戏曲表演形式，包含唱、念、做、打等表演程式，其舞台表演涉及舞蹈、武术等表演内容。其舞台上展示的服饰、脸谱、道具等演出实物，以及舞美、音乐等配套的艺术表现，都体现出京剧所蕴含的丰富的艺术价值。此外，京剧的剧本选材内容也非常丰富，包含历史故事、神话传说、古典小说等各种题材，展现了中国哲学、文学等多方面的文化价值，这些都体现了中国传统文化的丰富内涵和深厚的历史底蕴，传承和发扬了中国传统文化的价值观和思想。

（一）京剧"走出去"的历程及现状

京剧在实施2000年3月党中央提出的"走出去"战略之前，已经历了100多年走向世界的历程，将其前后两个历程相加，大体可分为3个阶段。

第一个阶段是19世纪末至新中国成立前。京剧携其传统东方戏剧的独特魅力面世，对外传播呈现出蓬勃的生机。1891—1908年期间，张桂轩应海外华侨之邀，分别至日本、朝鲜、俄国演出，开京剧走出国门之先河。20世纪30年代起，梅兰芳先后赴日本、美国、苏联演出，其精湛的演技让京剧在世界舞台大放异彩。京剧在海外的影响力达到高潮，其将中国传统戏剧成功融入世界潮流，成为当时中外文化交流里程碑式的事件。

第二个阶段是新中国成立后至20世纪70年代末。中国大力发展文化外交，由官方派出多个艺术团，足迹遍及印度、缅甸、委内瑞拉、哥伦比亚、古巴、加拿大等国家，进一步扩大了京剧在海外的影响力。1951年，张云溪、张春华等人参加在东德柏林举办的第三届世界青年与学生和平联欢节，演出京剧《三岔口》《武松打虎》《水帘洞》《红桃山》四出武戏。这是新中国成立后，京剧艺术家首次以国家名义被派往国外演出，他们精湛的技艺和京剧独特的艺术魅力，征服了外国观众。20世纪50年代，中国京剧院老一辈艺术家杜近芳等人携《秋江》《雁荡山》等作品到国外演出，展示了新中国京剧的艺术风貌。

第三个阶段是20世纪80年代初至今。随着对外开放政策的实

非遗走出去　现状分析与未来路径

京剧《大闹天宫》演员与观众合影

行，中国开始与世界各国开展广泛的文化交流，新一代京剧艺术家带着经典剧目如《大闹天宫》等多部作品走向世界，使京剧艺术在海外的影响力逐渐扩大。中国京剧院、北京京剧院、上海京剧院、

第二章 非遗项目及非遗传承人"走出去"实例分析

天津青年京剧团等著名京剧团体和地方京剧院团也相继加入海外传播的行列。海外华人社团京剧专业人才或业余票友组成的京剧团或京剧社也为京剧艺术在海外的传播发挥了积极的推动作用。

（二）京剧"走出去"的途径

随着时代发展，京剧"走出去"的频次和覆盖范围都有了可观的提升，其演出内容和效果也在不断变化，更适合不同国家、不同文化及时代的需求。

1.舞台展演

自2000年3月党中央提出"走出去"战略以来，舞台演出都是京剧"走出去"最主要、最常见的方式。经过多年积累，京剧出国演出已经摸索出一套成熟的经验。从出国途径上来看，京剧"走出去"主要可分为以官方名义公派演出和商业演出。公派演出更侧重文化外交的属性，由国家文化和旅游部、外交部等政府部门和民间友好协会等民间团体组织牵头支持，有助于各国政府间或民间的文化交流。如北京京剧院自2011年启动了"唱响之旅"全球巡演活动，先后在9个国家和地区的47个城市，完成了190余场演出和50场讲座、50场展览；2013年"传承之旅"巡演奥地利、意大利等国。公派演出还包括国家领导人进行国事访问时剧团的随行演出等方式。

商业演出注重开拓国内国际市场，通过联系海外演出经纪公司、对接国内省市院团等方式，在国内外京剧演出市场拥有一席之地。如2015年6月，湖北省京剧院按照财团定制模式，赴日本东京、大阪、名古屋等城市演出16场《真假美猴王》，获得可观收益[1]。

随着时代发展,"走出去"的京剧舞台演出方式也在不断更新,从内容到编排形式上都做到了中西结合,更加符合海外受众的趣味。例如,2015年英国萨姆·沃纳梅克戏剧节上,"京剧版"《奥赛罗》、上海京剧院创编的京剧《王子复仇记》、国家京剧院排演的《图兰朵公主》、原创现代京剧《少年中国梦》等,或对西方经典进行创新改编,或融合多种艺术形式和时尚元素,或用传统戏曲讲述当代故事,在海外演出时反响热烈。

2. 新媒体传播

短视频是现阶段全球范围内的一种新兴内容形态,发展势头强劲,因此,非遗与短视频相结合,可以抹除语言障碍,打破意识偏见,以最直观的形式展示在世界各国文化圈。

文旅产业指数实验室发布了2022年非遗在海外短视频平台上的影响力报告。文旅产业指数实验室是由中国旅游报社、中国社会科学院舆情调查实验室联手阿里巴巴集团共同创立,与腾讯、美团、百度、微博、字节跳动、清博大数据、问卷网等众多互联网企业合作,将文旅产业发展与形象传播研究相结合搭建的多领域、跨学科创新研究平台。该影响力报告显示,TikTok上非遗相关内容视频播放总量逾308亿次。其中,京剧位列非遗海外关注度

---

① 王育生. 风景这边独好——浙江京剧团剧目建设和市场开拓之路初探[J]. 中国戏剧, 2008(12): 30-32.

第五名，视频播放量为3亿次，极大地拓宽了"走出去"的传播渠道。

网络直播是舞台演出之外的第二种表演途径，许多京剧演员选择在网络直播间表演，通过网络传播传统文化。网络直播可分为两种。一种是由官方发起或参与的完整剧目直播，如上海京剧院自2020年起就尝试开启在主流新媒体平台的尝试探索，成功举办多场线上直播演出。随着专业院团不断入场，直播内容更加多元，如后台探班、演出前访谈、名家科普等多角度呈现。另一种是个人主播在直播平台的京剧文化普及。一些专业京剧演员用抖音等新媒体平台记录训练和演唱片段，并在直播间表演部分剧目，和观众互动，为观众答疑，有效扩大了京剧的受众群体。

3. 主题展览

京剧主题展览一般是在配合演出活动的同时，举办相应的京剧展览展示活动，通过动静相宜的形式走近外国民众。例如，2014年，国家京剧院在泰国举办了"与京剧名作面对面"活动，演出的同时开设了"中华文化的百科全书——京剧文化展览"。该展览通过展示京剧服装、道具、乐器等实物，以及进行图文并茂的京剧文化介绍，向泰国民众推广中国传统京剧艺术。2015年在西班牙、芬兰等国举办的中国庙会活动上，京剧相关内容则是以展台的形式展示，让国外游客在欢乐的氛围中增加对京剧的了解。此外，我国京剧舞美设计界元老李文培等水墨画、油画、雕塑制作艺术家，亦通过在海外开设有关京剧的个展来宣传和推广京剧艺术。

4.学术讲座

京剧作为中国戏曲的一个剧种，体现了丰富的民族精神和智慧，因此，京剧理论、京剧史、京剧政策等各项课题研究也日益深入。2012年，美国旧金山、纽约，加拿大多伦多、温哥华等地举行了4场以"文化中国·名家讲坛——走近京剧：感受东方艺术之美"为主题的讲演活动，这些活动以讲座、展示、示范表演、互动提问的方式，形象生动地向海外侨胞和当地民众诠释了京剧艺术。2014年，著名京剧表演艺术家、梅派艺术掌门人梅葆玖率团前往日本东京大学、樱美林大学、早稻田大学等通过学术讲座的方式传播京剧文化。

5.传统出版物

不同文字版本的京剧普及类、研究类书籍不断推出，有效扫除了京剧海外传播的语言和文化障碍，为国外民众了解京剧提供了重要资料。在每年举办的各国书展等重要展会上，中国的京剧类图书受到一定程度的关注和欢迎。例如，2012年由中国人民大学出版社与外语教学与研究出版社共同出版的"中国京剧百部经典英译系列"丛书首辑，2013年出版的《北京京剧百部经典剧情简介标准译本（中英对照）》，2014年出版发行的《中国京剧与梅兰芳》英文版、朝文版、日文版图书，2021年由北京教育出版社出版的"国韵芳辉——京剧旦行流派名家谈戏说艺"丛书等。

6. 京剧电影

京剧与电影的结合吸引了更多国外受众。作为国家重点文化工程的"京剧电影工程"于2011年7月启动，至今已推出多部京剧电影。其中，《霸王别姬》《龙凤呈祥》先后参加中外多个电影节，特别是《霸王别姬》（3D版）在美国获得2015年金卢米埃尔奖。

（三）京剧"走出去"的政策支持

为促进各国文化交流，国家文化和旅游部、外交部等政府部门专门组织京剧赴外演出；中国戏曲家协会、中国人民对外友好协会等民间组织团体也会举办各国民间交流，所产生的收入会分发给演出者。此外，政府也会对一些京剧演出项目提供资金支持及程序支持。

在政策方面，党的十八大以来，国务院先后印发《关于进一步加强和改进中华文化走出去工作的指导意见》《关于加快发展对外文化贸易的意见》《关于加强"一带一路"软力量建设的指导意见》等文件，统筹对外文化交流、文化传播和文化贸易，提出在更大范围、更广领域和更高层次上参与国际文化合作和竞争，把更多具有中国特色的优秀文化产品推向世界。这些政策也有力地推动了京剧"走出去"的顺利实施。

（四）京剧传承人张四全"走出去"的实践

张四全，京剧武生，国家一级演员。他自幼随父张盛庭练功学

张四全饰演孙悟空

戏，于5岁登台演出，以演"美猴王"著称。多年来，张四全通过演出、教学等多种方式，大力推动京剧"走出去"。

1.国际交流

张四全曾多次赴国外演出。比如，在20世纪80年代末，张四全作为团长组织美猴王京剧团9次出国演出,曾前往日本、法国、德国、巴西、意大利和新加坡等国家;1997年,他带领美猴王京剧团前往北欧多个国家交流演出。在成为北京京剧院青年团团长后,张四全带领其团队数次出国演出,均受到了国外观众的热烈欢迎。

2.人才培养

近年来,张四全通过开展京剧教学和京剧培训工作,培养出一批外国京剧爱好者,有的还成为专业演员,不遗余力地将中国传统京剧传播到了世界各地,为京剧的海外传播提供了有力支持。

京剧传承人张四全指导演员排练

张四全指导《大闹天宫》演员排练

张四全较为知名的学生有"英国美猴王"格法·普拉扎（Ghaffar Pourazar），现任职于英国国际美猴王戏剧中心，从事以京昆为主的国际交流工作。他带领他的京昆同学，以讲座、演出、交流等形式参加世界各地的艺术节，突破了京剧的语言障碍，产生了一定的影响力，为京剧的国际传播做出了一定的贡献。被誉为"日本美猴王"的石山雄太，也是张四全较为出色的学生之一。他作为中国第一位外籍京剧职业演员，专攻武丑。多年来，石山雄太一直活跃在中国及日本的京剧舞台上，有效地推动和促进了中日文化交流。

(五) 对京剧及其传承人"走出去"的思考

1.京剧"走出去"的优势分析

京剧的成功"走出去"有其独特的优势。首先，京剧的表演性质非常强。作为一种舞台表演形式，京剧实质上是在用表演、歌舞讲故事，尤其中国古典神话故事，在国外观众群体中的接受度更高。其次，京剧表现手段更丰富。除唱、念、做、打等"动"的表现形式，还涵盖了包括服装、脸谱等在内的"静"的表现方式。最后，京剧表演的获取及接受更方便。无论是舞台展示，还是新媒体时代的网络传播，京剧这种表演形式都不会受到限制，尤其TikTok等社交平台的出现，对京剧的"走出去"发挥了巨大作用。

以往京剧"走出去"，多演出武戏、折子戏、哑剧，国外观众多认为京剧即穿着古代服装的杂技，对其传达的内涵和艺术不甚了解。经过近年来京剧"走出去"的大力发展，以及京剧"因材施教""因人设戏"的创新实践，国外观众对京剧的接受程度越来越高。

2.推动京剧更好"走出去"的建议

分析上文所列京剧"走出去"的多个途径，不难发现，京剧的对外传播、文化交流、外交意味较浓，而实现经济效益较少。其中原因除了文化差异所造成的对外传播不畅，也有着京剧自身发展的问题。

首先，文化差异带来了一定的传播壁垒。传统京剧表演讲究互动，而国外观众更习惯安静地观看西方典型的戏剧演出，因此需要首先对剧目进行讲解，使国外观众增长知识的同时，提高对京剧的兴趣。

其次，在当前文化经济全球化背景下，开放的文化市场、多元的文化样式对京剧造成了一定程度的冲击。在这种情况下，京剧的艺术创作和艺术表现更需要与不同国家观众的审美需求进行互动结合与推陈出新。如根据现今受众需求，缩减演出时间，由过去的4个小时一出戏，改为2个小时甚至更短；再比如，在"移步不换型"的基础上，将当下观众喜闻乐见的合唱和交响乐等形式引入京剧表演中。

最后，京剧缺乏较成熟的商业营销运作[1]。京剧作为中国国粹，拥有固定的观看群体，官方也提供了充分的扶持和政策支持，但在市场方面缺乏有益的探索，对国外文化和市场缺乏深入而系统的调研、分析和实践。鉴于此，京剧"走出去"面临较为深刻而长期的课题。系统、全面、合理地培育市场、观察市场，进行深入系统的市场调研和分析，应观众偏好和市场变化而动，是目前京剧更好地"走出去"的重中之重。

扫码看视频

---

[1] 王海文. 从梅兰芳访美演出看当前京剧艺术"走出去"的困境与出路[J]. 对外经贸实务，2013（7）：78-87.

三、蓝印花布印染技艺及其传承人"走出去"的实例分析

蓝印花布，最初以蓝草为染料印染而成，主要分为刻版、刮浆、染色、刮灰、晾晒5个步骤。刻版即以刀为笔，将纹样刻于纸版上，讲究笔断意连，以镂空标记白色花型。其后，将刻好的花版覆在白布上，用防染浆从纸版上刮过，镂空处的布面便贴上一层防染浆，在染色时方能不被上色。染完色晾干后，再以圆口菜刀刮去防染浆，白色花型显露。最后经过清洗晾晒，洗去浮色，一块雅致的蓝印花布才算制作完成。

蓝印花布又称药斑布，其印染技艺源于唐宋，盛于明清，在民间一直受到百姓的喜爱。现代所见蓝印花布的样式，多数为明清时代的作品，主产地包括江苏省南通市、浙江省桐乡市、湖南省邵阳市、山东省兰陵县等地。

蓝印花布格调朴素、高雅，蕴含着中国人独特的审美趣味和生活情调，经过岁月的淘洗，焕发出越来越迷人的魅力。

（一）蓝印花布印染技艺"走出去"的历程及现状

从宋代起源至明清兴盛，手纺、手织、手染的江苏南通蓝印花布因结实耐磨、图案吉祥等特点，一直是老百姓喜爱的生活用品。但由于蓝印花布印染技艺是随着棉纺业的兴起、靛蓝业的发展、型纸版的流行而产生的，随着近现代经济的快速发展、传统生活方式

和观念的转变、人们物质生活和审美心理的变化，传统纺织品的实用性降低了，传统手工蓝印花布逐渐走出人们的日常生活。到了民国后期，由于受到五彩花布的影响，蓝印花布的生产销售规模开始萎缩。

在蓝印花布濒临消亡之际，外贸出口为其带来转机。党的十一届三中全会后，我国实行改革开放，沿海地区国内外旅游也逐渐兴起，这给民族传统技艺蓝印花布的生产带来了新的生机。2000年3月"走出去"战略提出之前的20世纪七八十年代，民间工艺品的外销窗口打开，日本兴起传统工艺热，外商特别是日本商人非常青睐蓝印花布，外贸订购数量逐年翻番。为满足出口需求，国内设计刻版人员从拓展面料入手，不断推陈出新，传统蓝印花布的生存状况有明显好转。

但好景不长，随着国内劳动力成本的增长，外销市场的日渐萎

蓝印花布制作中的染色步骤

缩，再加上蓝印花布自身生存问题没有得到根本解决，曾经一度繁荣的蓝印花布传统技艺再度陷入困境。以江苏启东蓝印花布厂为例，从20世纪70年代初恢复印染蓝印花布后一直坚持近40年，终因销路不畅、技术人员大量流失而被迫停业。

随着社会经济的发展、物质生活的日益丰富，传统蓝印花布制品受到现代纺织造物的冲击，使用者大量减少，而每个行业的发展都离不开市场的需求，少量市场份额和微薄利润空间，无法让蓝印花布从业者正常生活，致使蓝印花布爱好者和感兴趣的经营者纷纷转行。

2006年，南通蓝印花布印染技艺被列入第一批国家级非物质文化遗产名录。但是，与其他几个地区的情形一样，南通蓝印花布的境遇曾经令人担忧。比如随着蓝印花布需求的减少，从事印染的艺

研究蓝印花布纹样的相关图书

人也逐渐减少，一些老艺人相继过世。同时，民间流传下来的古旧蓝印花布实物遗存有所流失，这对蓝印花布纹样的研究和传承来说是一笔不小的损失。

近年来，随着国内经济的发展和人们审美情趣的变化，以及国家非遗保护工作的深入，蓝印花布开始受到重视，上述令人担忧的状况得到明显改变。这种被人们称为"土花布"的工艺面料，得到了文化工作者及年轻消费者的青睐，逐渐在国内家居领域开辟出新天地，其功用已从家用纺织品逐渐转为室内个性装饰品，如台布壁挂系列、包袋系列、丝巾领带系列、鞋帽系列、玩具系列和工艺品系列等，这使得蓝印花布产品的附加值也有了较大提升[1]，并为它成功"走出去"奠定了基础。

（二）蓝印花布印染技艺"走出去"的途径

1.交流展会

蓝印花布印染技艺"走出去"的途径丰富多样，其中参加文化展览、交流会和博览会，同时通过新闻媒体扩大宣传，是其"走出去"并扩大对外影响的一个重要手段。

1998年初，应台湾刺绣艺术家粘碧华邀请，蓝印花布印染技艺国家级代表性传承人吴元新携带百余件蓝印花布工艺品、服饰前往台湾参加"亚太地区纺织工艺家交流会"，引起强烈反响。2001年，蓝印

---

[1] 吴元新. 传统蓝印花布的现状[J]. 中国文化报，2011.

花布第一次走出国门，在美国亚利桑那州参加中国文化周活动，接待外宾3万余人，盛况空前。此后，吴元新每年都要参加国内外各种大型展览会，举办展览所需经费，多数靠蓝印花布的设计和销售支持。多年来，蓝印花布应邀赴国内外展览交流100余次，其中包括美国、英国、德国、法国、意大利、比利时、瑞士等国家，以及我国台湾、香港、澳门地区，通过文化交流使南通蓝印花布走向世界。

蓝印花布印染技艺能够成功"走出去"，得到了艺术大家韩美林的支持。2017年，在巴黎联合国教科文组织和中法交流中心举办的"韩美林全球巡展"中，由韩美林设计、吴元新等人制作的蓝印花布作品惊艳亮相。韩美林向参加巡展的观众介绍蓝印花布作品的工艺流程和创作过程，以及在传承和创新上取得的成绩，有力地提升了南通蓝印花布的国际影响力。

蓝印花布印染技艺国家级代表性传承人吴元新竭力推动蓝印花布印染技艺"走出去"的同时，也在加快培养新一代传承人走向世界的脚步。如吴元新和其女第二代传承人吴灵姝曾登上TEDx舞台，作为站在蓝印花布领域前沿的创新者和实践家，做题为《破布的辉煌，七代人的梦想》的演讲，向世界讲述南通蓝印花布印染技艺的传承故事和其自创品牌"元新蓝"的前世今生。而到2022年，吴灵姝应邀参加日本国立千叶大学主办的中日"无形文化遗产"国际文化交流会，并做主旨交流演讲[1]。2023年，吴元新、吴灵姝、倪沈键赴澳门，参加澳门城市大学与国际跨文化沟通研究协会（IAICS）

---

[1] 李云，刘肖健. 青出于蓝：蓝印花布印染技艺二代传承人吴灵姝[J]. 装饰，2019（3）：5.

吴元新之女吴灵姝正在刻版

联合主办的第28届国际跨文化沟通研究协会国际会议。吴元新作了题为《中日韩蓝靛染色的跨文化交流》的学术演讲。主要从"以古鉴今，致敬传统""抢救保护，传承文脉""青出于蓝，芳芽又生""活化利用、锐意出新""传经布道，弘扬非遗"五大篇章阐述了如何进一步发掘、保护、传承和弘扬蓝印花布印染技艺，加强跨文化交流、多学科融合，并提出了"一个目标""两大工程""三个基地""四馆共建""五元融合"的谋划部署，吴灵姝、倪沈键作了对中韩、中日蓝印花布印染技艺的跨文化交流对比研究的线上发言，积极推动优秀染织文化的创造性转化、创新性发展。

2. 蓝印花布博物馆

1996年，吴元新创办了南通蓝印花布博物馆，这是我国第一家集收藏、展示、研究、传承、生产性保护为一体的蓝印花布专业博物馆，下设蓝印花布传承基地、蓝印花布研究所、元新蓝染坊等创意工作部门。博物馆成立以来，整理收藏明清以来的非遗蓝印花布实物遗存及图片资料6万多件，20万个纹样，接待中外宾客百万余人次。

吴元新曾举过一个实例。从1997年开始，一位中文名为安亭生的瑞典籍女士，每年都会组织纺织专家代表团及蓝印花布爱好者专程来蓝印花布博物馆参观学习，且频率较高。其中一位瑞典纺织老师提到："多年前，我在你们馆买了一套蓝印花布的衣服，回去后每年都在穿。虽然它的颜色每年都在变浅，但越洗越好看，越来越展现出蓝印花布古老而神奇的味道。我觉得蓝印花布是有生命的。"由此可见，蓝印花布正逐渐成为连接海内外的一张亮丽的非遗名片。

博物馆自成立至今，除在馆内开办展览接待外宾外，也已在美

南通蓝印花布博物馆

国、英国、法国、德国、意大利、比利时、俄罗斯、西班牙等国家和我国台湾、澳门等地区开办了数十场展览，接待宾客数百万人次。

3.其他

蓝印花布印染技艺"走出去"的途径除了上述讲到的交流展会、博物馆展示，还有以下多种途径的探索。

国外电视节目。法国电视台制作了 *CHINA BLUE* 节目，该节目摄制组专程前往南通，拍摄南通蓝印花布的制作技艺和非遗传承的相关视频。

时装秀。通过举办精彩的时装秀，将蓝印花布的美向数十个国家的公众展示。

（三）蓝印花布印染技艺"走出去"的政策支持

投资建馆。2002年，南通市政府投资新建"蓝印花布博物馆"。2006年，由于吴元新在蓝印花布收藏、研究、传承、创新方面取得了卓越成就，被评为第五届中国工艺美术大师和首批国家级非遗代表性传承人。

助力传承。2016年，吴元新承担起国家艺术基金"蓝印花布印染技艺青年人才培养"项目，被文化部聘请为中国非遗传承人群研培计划咨询专家及师资库成员，又在多个院校承担非遗传承人群的教学任务，培养了大量蓝印花布印染技艺青年传承人。2017年在文化部非遗司及江苏省文化厅的关心支持下，在南通大学负责承办了文化部和教育部主办的非遗传承人群研培计划"传统印染技艺培训班"，在有关院校开设蓝印花布印染技艺课程，共培养了千余名传统印染技艺青年人才。

一项非遗技艺能否成功"走出去"，人才是第一要义。南通市有关部门主要通过两个途径对蓝印花布印染技艺的传承进行扶持：一是保留传统染坊中师傅带徒弟的传承形式，二是在全国相关高等院校培养高层次传承人。2007年，南通蓝印花布博物馆与清华大学美术学院合作成立传统印染工作室，后被文旅部评为重点实验室。2008年，清华大学美术学院把蓝印花布印染技艺课程列入染服设计系本科生教学；中央美术学院连续8年把蓝印花布印染技艺课程列入公共选修课。2009年，南通蓝印花布博物馆与南通大学成立了蓝印花布艺术研究所，并配备了具有民间艺术特长的博士生从事蓝印花布研究。这些培养途径都使蓝印花布的传承有了更广阔的空间。

司法保障。南通蓝印花布创新产品出口海外，随着知名度不断提高，相关侵权行为也愈发严重。因此，地方司法机关出台了《关于加强对南通蓝印花布技艺等非物质文化遗产产品产权保护的建议》，南通市检察机关围绕该建议积极开展知识产权等保护工作，给本地传统文化产业提供了司法保障[1]。

---

[1] 吴元新. 人大代表风采吴元新：让蓝印花布走进千家万户 [EB/OL]. (2022—12—20) [2023—07—13]. http://nt.jsjc.gov.cn/yw/202212/t20221220_1465665.shtml.

（四）蓝印花布印染技艺传承人吴元新"走出去"的实践

吴元新是我国首批国家级非遗蓝印花布印染技艺代表性传承人、中国民间文艺家协会副主席、中国染织艺术研究中心主任、南通大学非物质文化遗产研究院院长、南通蓝印花布博物馆名誉馆长。40多年来，他竭尽全力对蓝印花布印染技艺进行传承和保护，抢救保护蓝印花布等传统印染实物遗存6万余件，创新设计蓝印花布纹样及饰品近千件。他创新的蓝印花布作品及出版的专著五度获"山花奖"，而他本人则被江苏省政府授予"江苏大工匠"，被人社厅授予"特级技能大师"称号，被联合国教科文组织授予"民间工艺美术大师"称号，被国家文化和旅游部评为全国非遗先进个人，被中宣部、中国文联授予"第三届全国中青年德艺双馨文艺工作者"荣誉称号，享受国务院政府特殊津贴。吴元新在长期的蓝印花布印染技艺传承中创办博物馆、建立染坊、出版专著、院校教学、承接国家课题等，逐步形成了蓝印花布印染技艺传承的"五驾马车"效应，即蓝印花布立档保护、蓝印花布艺术研究、蓝印花布技艺传承、蓝印花布院校教学、蓝印花布产品创新的立体式传承模式，为蓝印花布印染技艺成功"走出去"奠定了坚实基础，提供了系统性支持。

为提升蓝印花布印染技艺在国际上的影响力，吴元新不遗余力，广泛参与各国文化展览和学术交流等活动，包括美国、英国、德国、法国、意大利等欧美国家，日本、韩国等亚洲国家，以及我国香港、台湾、澳门地区。

中国工艺美术大师、蓝印花布印染技艺非遗传承人吴元新在染布

在蓝印花布的立档、保存、研究、弘扬、宣传、创新的基础上，吴元新准备将南通蓝印花布印染技艺申报世界（人类）非物质文化遗产。与此同时，日本、韩国、印度等周边国家也在筹备申报相关印染技艺，为启动联合申报积极准备申报材料。

（五）对蓝印花布印染技艺及其传承人"走出去"的思考

1.蓝印花布印染技艺"走出去"的优势分析

蓝印花布富有独特的艺术特色和民族风格。南通蓝印花布较完好地保存了传统蓝印花布的制作工艺和艺术风格，并且有较大数量的实物遗存，是全国研究、开发、生产和传承民间蓝印花布的重点地区，南通蓝印花布具有浓厚的乡土气息，无论工艺还是纹样都有其鲜明的艺术特色。其纹样造型严谨、布局讲究、艺术性强，是中国蓝印花布的典型代表。

传承人的努力推动为其"走出去"夯实了基础。吴元新数十年如一日地对蓝印花布印染技艺进行保护传承和宣传推广，对在世界范围内扩大蓝印花布印染技艺的影响力起到了不可磨灭的作用。正如冯骥才先生曾提到的，"幸有吴元新先生，他出于一种文化自觉和多年

吴元新指导女儿吴灵姝、女婿倪沈键制作蓝印花布文创

来一贯和执着的担当精神，挽留了一批巨量的蓝染遗存，并脚踏实地进行科学整理和原生态的手工传承。我们需要有吴元新这样的一些人，有这样的文化视野，有这样的文化眼光，有这样的奉献精神，有这样的责任感，站出来守望我们的文化、弘扬我们的文化"。

2.推动蓝印花布印染技艺及其传承人更好"走出去"的建议

加强对外市场开拓。因多数传承人的主要精力都放在了传统蓝印花布印染技艺的保护与传承上，专门的市场开拓和外销人才配备不到位，对国外的消费需求和市场缺乏系统的分析数据，导致销售规模与数量都不算大。正所谓，好酒"也怕"巷子深。在保护和传承蓝印花布印染技艺的同时，也应在对外市场开拓上增加力量，靠专业的市场和销售人员开辟更广阔的销路，从经济效益和社会效益两方面为蓝印花布印染技艺"走出去"加持。

对蓝印花布相关产品进行创新设计。首先是纹样的设计。传统蓝印花布的纹样仍以植物花鸟等富含寓意的传统符号为主，对于处在多元化时代，追求个性的年轻人来说，缺乏一定的吸引力。因此应转变思路，结合时代审美需求，把握现代年轻人的潮流趋势，推出符合时代气息的蓝印花布纹样，以吸引更广泛的消费群体。其次是产品造型的设计。目前，蓝印花布产品种类多局限于服饰及生活用品等领域，应开阔思路，在服饰周边、室内装饰、工业设计等多领域加入蓝印花布元素，最大化地拓展其使用功能。

重视传统与现代技术的结合。蓝印花布太过传统的生产工艺是蓝印花布印染技艺发展缓慢，难以在现代印染行业快速成长的重

第二章 非遗项目及非遗传承人"走出去"实例分析

四季平安纹样　　双狮戏球纹样　　蝴蝶纹样

梅、兰、竹、菊纹样

平安富贵纹样　　狮子滚绣球纹样　　吉庆有余纹样

福在眼前纹样　　聚宝盆纹样　　双龙戏珠纹样

蓝印花布纹样示例

107

要原因。在这样一个机械化大生产的潮流中,需将现代技术融入蓝印花布的生产过程中,高质量、高效率地完成蓝印花布的生产环节。与此同时,也可降低其高昂的人工成本,更有效地铺开销量、占领市场。

扫码看视频

四、京作硬木家具制作技艺及其传承人"走出去"的实例分析

京作硬木家具制作技艺是在明清宫廷家具的制作基础上逐渐形成的,它产生于北京,至今已有三四百年的历史,与"苏作"(苏州)、"广作"(广州)并称为中国硬木家具的三大流派。京作硬木家具还融入"苏作"和"广作"制作技艺,吸收了古铜器和汉石刻艺术的营养,体现了帝王贵胄的审美趣好,追求厚重的造型、庞大的体形,形成了雍容大气、绚丽豪华的"京作"风格。

京作硬木家具制作技艺既有较强的实用性,又有很高的艺术性,主要有型、材、艺、韵4个方面的特色:型,即京作硬木家具的造型都源自于宫廷的制作工艺;材,即采用的材料如黄花梨木、紫檀木、金丝楠木、酸枝木等,都是较为名贵的木材;艺,京作硬木家具的制作核心是榫卯,这种斗合方式不仅科学合理,而且经久耐用;韵,即京作硬木家具还具有庄重典雅的造型和美观的雕饰。其雕饰多以龙、凤、麒麟、蝙蝠、如意、山水、花鸟等装饰为主,也经常用福、寿、贵、吉等字符的美好寓意,正所谓"有图必

第二章 非遗项目及非遗传承人"走出去"实例分析

麟龙纹样

凤凰纹样　　　　　博古纹样

京作硬木家具纹样示例

109

有意,有意必吉祥",其文化底蕴具有很高的艺术价值和学术研究价值。

(一)京作硬木家具制作技艺"走出去"的历程及现状

在2000年3月党中央提出"走出去"战略之前,作为商品贸易的一部分,中国家具从17世纪就开始出口到西方。欧洲家具之父托马斯·齐彭代尔在其1754年出版的《绅士与家具师指南》中提到,世界上当得起"式"的家具一共有3种,即明式家具、哥特式家具和洛可可式家具。其中,中国的明式家具位居首位,英国曾一度流行"中国热"的家具风潮,并成为一种时尚。

1944年,德国古斯塔夫·艾克所著《中国花梨家具图考》出版,该书是世界上第一本研究明式家具的系统专著,使中国硬木家具在西方达到了前所未有的认可度。

北京市龙顺成中式家具有限公司(以下简称龙顺成)生产的硬木家具是京作硬木家具的代表,龙顺成品牌的发展一直以文化为依托。龙顺成品牌创立于清同治初年,历经清末民初、新中国成立,到1956年进行了公私合营。京作硬木家具作为龙顺成的一个出口创汇品牌,几乎所有产品都可以出口到欧美、东南亚等地,在国际市场也获得了高度认可。

因传统硬木家具所采用的多为名贵木材,其生长周期长达几百年甚至上千年,导致红木资源越来越少。根据联合国《濒危野生动植物种国际贸易公约》,多种红木被列入濒危植物,其交易受到严

雕刻师正在雕刻木制家具

格管制。所以，改革开放后，国内红木家具的出口创汇开始遇到困难，京作硬木家具的出口也只能局限于少量库存产品。

出口受限后，龙顺成开始转变思路，开拓创新，一方面将目光转向国家重点项目、重要会议的家具服务，另一方面也着手开发耗材较少的文创产品。

自20世纪80年代以来，特别是实施"走出去"战略之后，龙顺成先后为颐和园延赏斋、香山勤政殿、首都机场元首接待厅等重要场所配置中式家具，获得各国元首和高端用户的一致赞誉，同时也让这类有代表性的京作出色产品通过多种途径走出国门，面向世界，使中国非遗老字号的实力和担当蜚声海外。

2020年以来，为了更好地传播该项非遗技艺，努力探索非遗"走出去"的新路径，龙顺成开发设计了一系列文创产品：如围绕

京作硬木家具展示

北京中轴线申遗项目，设计制作了天坛、永定门等微缩建筑文化伴手礼；将具有代表性的硬木家具等比例微缩成工艺品；将经典的榫卯结构设计制作成益智玩具；设计制作了文房四宝、手串、健身球等日常用品等。

（二）京作硬木家具制作技艺"走出去"的途径

1.展览与展会

2000年以来，龙顺成每年参加全球服务贸易领域规模最大的综合性展会——中国国际服务贸易交易会，请外国政要和部长级嘉宾、国际组织负责人以及境外头部企业代表参观，并开展全球服务

亚太经合组织峰会款红酸枝有束腰带托泥圈椅、茶几

贸易峰会、论坛会议、推介洽谈会、成果发布会等活动，有力地推动中国传统技艺"走出去"。

龙顺成也积极参与中国国际进口博览会、非遗博览会等展览与展会活动。中国国际进口博览会国际影响较为广泛，目前已经成为中国构建新发展格局的窗口、推动高水平开放的平台、全球共享的国际公共产品，借助这个高水平国际交流平台，充分展示了京作硬木家具的独特魅力。

2.文化交流

近几年国家、社会团体等大力支持非遗"走出去"，如北京市总工会为促进京作硬木家具"走出去"提供了一定的交流平台。2018

年，由京作硬木家具制作技艺传承人刘更生带队前往台湾进行两岸木作技艺交流活动，不仅加深了两岸间的亲情纽带关系，也让更多的人了解京作硬木家具制作技艺的魅力。

3.京作非遗博物馆

为助力北京中轴线申报2024年世界文化遗产，京作非遗博物馆于2021年建成，并以常设展览、不同形式的主题活动，吸引国内外人群参观、交流和互动。通过设置博物馆、鲁班学堂、非遗文创、艺术咖啡等，把龙顺成打造成一个复合型的文化休闲空间，扩大了京作非遗的文化吸引力和影响力。

京作非遗博物馆除了开展线下展览，也在微博、小红书、快手、微信公众号等媒体宣传平台推介各种活动及文创新玩法，扩大首都功能核心区博大精深的文化吸引力和影响力。

4.承办工程项目

龙顺成参与了国家的多项重大工程和献礼佳作，有效地向国外展示了我国的非遗文化。比如，20世纪80年代末，龙顺成生产制作了北京饭店贵宾楼总统间的红木家具，接待了国际奥委会前主席萨马兰奇、沙特阿拉伯前国王法赫德等多位国际友人、国外贵宾，充分展示了京作硬木家具的精良制作技艺和中华优秀传统文化。21世纪以来，包括2001年参与设计制作全聚德帝王厅，2008年为改扩建后的首都机场元首接待厅设计制作了紫檀木元首宝座、茶几等作品。

2014年，龙顺成设计制作了亚太经合组织第二十二次领导人非正式会议主会场各国元首的座椅——皇宫托泥圈椅。托泥圈椅的底部加装不外露的脚轮，使其既保持传统家具的韵味，又方便了座椅的移动，同时还采用了多种传统工艺，如榫卯制作技艺、传统手工雕刻等。龙顺成还为这次会议提供了配套的家具，比如如意云纹翘头案、开市锣架、南官帽扶手椅、托泥花台等用品。

2018年，龙顺成参与平昌冬奥会"中国之家"的家具制作，展示了中国非遗和中华传统文化。2021年龙顺成成为"北京2022年冬奥会和冬残奥会官方生活家具供应商"，其设计制作的文创产品暖手葫芦入选冬奥会特许商品名录。龙顺成为北京冬奥村、首都体育馆、奥林匹克大家庭酒店、主媒体中心等重点场馆的贵宾厅、要客区、村长办公室、文化展示区等11个通用场馆，提供了18个品类435件中式京作硬木家具展陈，在北京冬奥会上充分展示了中国家具的传统制作工艺、文化魅力，无论是从设计上还是制作工艺上，都达到了最高的标准。

（三）京作硬木家具制作技艺"走出去"的政策支持

近年来，龙顺成京作硬木家具的文化传承接连受到国家政策的保护。国家、地方政府也在国家重点项目、重要会议的家具服务方面给予大力支持，让京作硬木家具能够出现在多项重大工程和会议中。

人才培养是一项非遗技艺传承的命脉。2016年，在国家政策扶持下，1351"京作硬木家具制作技艺"传承人培养机制创立，即在第六代传承人中培养出1个非遗代表性传承人、30人的传承梯队、50人的技术骨干和10个管理精英团队，这在众多非遗项目中是一项创举。

（四）京作硬木家具制作技艺传承人刘更生"走出去"的实践

2010年，刘更生被认定为京作硬木家具制作技艺代表性传承人，先后获得北京市劳动模范、北京市一级工艺美术大师、全国五一劳动奖章、北京大工匠、2021年"大国工匠"年度人物等荣誉称号。凭借多年的京作硬木家具制作及古旧家具修复技艺，刘更生练就了"望、闻、问、切"及"看、穿、照、听、摸"的技术绝活，让古旧家具重新焕发新的生命，被誉为"雕刻时光的人"。

刘更生在京作硬木家具制作技艺的继承与传播上，以及在推动该项技艺"走出去"方面，进行了诸多实践。首先是人才队伍的建设。刘更生通过设立金字塔形的人才培养梯队，将年轻人作为重点培养对象，在一系列的制作流程上，让他们能够静下心来，踏踏实实地把手艺学好，逐渐打造一支高技能人才队伍。同时，通过举办京作文化节、鲁班工匠节等各种文化活动，宣传京作硬木家具制作技艺和传统文化，扩大非遗文化影响力，推动更多年轻人从事非遗事业。再有，围绕北京中轴线申遗，建成了京作非遗博物馆，以此来传承中华优秀传统文化，展示京作非遗技艺，也弘扬了中华民族

京作硬木家具制作技艺非遗传承人刘更生

的工匠精神。此外,近几年刘更生将京作硬木家具制作技艺带进多个国内外交流活动中展示,如中国国际服务贸易交易会、中国国际进口博览会、非遗博览会,通过这些展览、活动来宣传介绍京作非遗技艺。这些都为京作非遗技艺"走出去"提供了有力支撑。

(五)对京作硬木家具制作技艺及其传承人"走出去"的思考

1. 京作硬木家具制作技艺"走出去"的优势分析

首先,中国传统家具历史悠久,传承有序,在国际上的影响力较为深远。例如前文所述中国传统家具几个世纪前在英国所引发的"中国热",再如古斯塔夫·艾克所著的研究明式家具的系统专著,使明式家具的研究成果具有了极为重要的学术价值和历史文献价值。

其次,国家层面高度重视传统文化复兴,给传统硬木家具市场提供了更多"走出去"的机会和平台。党的十九届五中全会通过的《中共中央关于制定国民经济和社会发展第十四个五年规划和二〇三五年远景目标的建议》指出,要传承弘扬中华优秀传统文化。推动中外文化交流互鉴。传统文化的复兴,让国内人群对中国传统文化更加认同和欣赏,也让中国传统文化符号不断进入国际视野,这些都使得京作硬木家具的价值得到认可,地位越来越高。

最后,时尚界对流行风尚的引领,使得国内外人群对稀缺资源的兴趣愈发浓厚,如纯手工制品、纯木质制品。因此,京作硬木家具因其稀缺性,恰好契合了国内外人群的消费心理,京作硬木家具的市场越来越大,发展也越来越快。

2.推动京作硬木家具制作技艺及其传承人更好"走出去"的建议

京作硬木家具使用的大多是名贵木材,如已属文物级别的黄花梨、紫檀木、鸡翅木、金丝楠木等,因其珍稀性,受到出口管控,京作硬木家具的出口创汇受到一些客观影响。因此,需转变思路,在企业转向文创产品开发的同时,也需将这项非遗技艺的文化传播提升到应有高度。

此外，产业升级势在必行。未来发展中，工业化、机械化将会逐步代替小作坊和大部分的手工生产，形成规模化、集成化生产，除了要引进先进设备和材料外，还要依靠信息化技术和科学管理理念，实现硬件软件同步升级。

扫码看视频

五、水族马尾绣及其传承人"走出去"的实例分析

水族马尾绣的起源已不可考，因为水族有养马赛马的习俗，于是催生了马尾绣这样一门技艺。但可以肯定的是，这是一门传承千年的技艺，是水族先民智慧的结晶。水族马尾绣的工艺十分复杂，首先要以马尾毛为芯搓捻成马尾线，再用这些丝线，在水族土布上绣制纹样。这些纹样包括蝴蝶、蝙蝠、鱼、太阳、石榴、葫芦等，都与古老传说相关，抽象概括，颇为夸张，酷似古代的饕餮纹。除了绣制纹样，还要经过缠丝、钩线、补花、陪绣、钉金、钉银等50多道复杂工序，其中的针法也包括平绣、空心绣、挑绣、结线绣、螺形绣等多种类型。一张绣片精品，技艺精湛的刺绣艺人需数月甚至数年才能完成，是极其名贵的艺术珍品，主要产品包括背小孩的背带，女性的围腰、绣花鞋，以及胸牌、童帽、荷包、刀鞘护套等，具有浓郁、独特的民族风格。

水族马尾绣于2006年被列入国家级首批非物质文化遗产名录，并被誉为中国刺绣的"活化石"。

119

马尾绣作品

（一）水族马尾绣"走出去"的历程及现状

据记载，水族是由中国古代百越族群中骆越发展而来，在历史战乱中，水族先民经过长途迁徙，最终选择定居在贵州三都一带。三都被誉为"像凤凰羽毛一样美丽的地方"，也诞生了"水族马尾绣"这门传统文化技艺。

三都水族自治县非遗保护中心主任潘瑶提到，"马尾绣没有可考的文献资料，目前发现最早的马尾绣背带产于明代"。但从马尾绣图案中酷似古代饕餮纹的古文化痕迹可以推断，这项技艺的传承可能有千年之久。一直以来，水族女性做背带都是农耕文明式的自给自足，到了韦桃花这一辈，马尾绣背带有了商品属性，开启家庭小作坊式的创新模式，但仍未规模化。作为一门系统的传统技艺，水族马尾绣的传承人数量极少。这两个短板，导致水族马尾绣"走出去"没有更多机会。

在马尾绣被列入国家级非物质文化遗产名录后，国家及地方政府也给了较多的扶持。水族马尾绣国家级代表性传承人韦桃花等人积极借鉴其他非遗产品的"走出去"方式，参加展览展会，但因为种种原因，没有更多进展。

如今，随着互联网的深入发展，水族马尾绣也逐渐进入更多人的视野。每年，三都县水族非遗项目体验中心都会迎接国内外游客与大中小学生上万人，成为水族传统文化教育研学基地，这也给水族马尾绣"走出去"提供了更多契机。

马尾绣作品

传承人正在制作马尾绣

（二）水族马尾绣"走出去"的途径

1. 交流展会

水族马尾绣参与的文化、学术交流及展览展会等活动有限。2023年参加民族文创产品成果会展活动，所展示产品有水族马尾绣做成的手镯、箱包、扇子、衣服、背带等多种样式的服饰、配饰，形成了具有少数民族特色的适用商品，同时又符合时下现代风格的潮流。2023年7月6日，香港特别行政区行政长官李家超前往南明区青云路步行街青云市集水仙马尾绣店，对店中展示的绣品高度评价，并购买了一件绣品送给其夫人。2020年前，韦桃花曾多次参与国内外的展览会、交易会，在现场销售推广马尾绣产品，最高交易额达数万元。

2. 非遗研学

2023年6月，来自韩国、菲律宾、巴基斯坦等国家的数名国际青年留学生及带队教师组成的2023"知行贵州"丝绸之路青年交流计划研学团走进三都，开启了沉浸式非遗研学之旅。这种"非遗+研学"的文旅融合新业态，让留学生们在非遗文化中感受到了中华优秀传统文化的独特魅力。

3. 水族马尾绣博物馆

坐落在三都水族自治县万户水寨社区的水族马尾绣博物馆建于2014年，2016年免费开放至今，现有马尾绣展品2000余件。博物馆主要以水族马尾绣的设计制作、展示销售为主体，辐射带动其他水族非物质文化遗产项目的展销，如水书、水族服饰、水族银饰、

水族马尾绣博物馆

土布及牛角雕等文创产品。博物馆每年均接待大量来自全国各地的学者、客商及国内外游客，已成为三都水族自治县宣传推广民族文化的阵地，成为外界了解水族文化的窗口和平台。

（三）水族马尾绣"走出去"的政策支持

中国通过建立国家、省、市、县四级名录体系，使得一大批珍贵、濒危和具有重大价值的非遗项目得到有效保护。水族马尾绣作为入选国家级非物质文化遗产名录的技艺之一，其保护和传承有了转折性的发展。

在政府支持下，韦桃花于2010年成立三都水族自治县桃花马尾绣艺术品制作有限公司，三都县非遗中心给了韦桃花很多帮助。两幢连在一起的3层水族民居，就是韦桃花所经营企业的所在地，这里也是三都县马尾绣生产培训基地。这两幢民居上还挂着"天才妈妈·梦想工坊"的牌匾。"天才妈妈"是由中国妇女发展基金会历经10年探索打造的公益项目，以梦想工坊为核心，通过开展技能培训、投入资金扶持、产品设计等方式，扶持培养非遗带头人，带动低收入手工艺女性改善生活状况。截至2022年2月，累计帮扶5000多名低收入女性居家就业，辐射带动了5万人次受益。这对于韦桃花的马尾绣事业也具有积极正向的助力[1]。

---

[1] 吴丹. 马尾绣非遗传承人桃花妈妈，飞针走线逆转命运[EB/OL].（2022-02-08）[2023-07-13].https://baijiahao.baidu.com/s?id=1724183566143953053&wfr=spider&for=pc.

近年来，当地政府积极鼓励党员示范带头成立马尾绣协会，组织周边水族妇女绣制马尾绣作品增加收入，带动2000余名水族妇女在家门口就业，实现人均年增收1万元左右，不断扩大马尾绣产品影响力，很好地向外界宣传了国家级非物质文化遗产[①]。

（四）水族马尾绣传承人韦桃花"走出去"的实践

2006年6月，水族马尾绣被列入国家级首批非物质文化遗产名录。两个月后，韦桃花成为"贵州名匠"第一人。而此时，贵州旅游市场也日渐蓬勃。来自《贵州统计年鉴》的数据显示，1996—2006年，入黔游客逐步增长，前往三都县的游客也大幅增多。在这个节点，韦桃花极有商业头脑地做了第一次大型专业技能培训。她找来80位水族妇女，教她们刺绣。此后，在政府的支持下，韦桃花带着马尾绣产品前往意大利、法国、西班牙、澳大利亚等国家参加展览会、交易会，现场销售推广，取得了一定的经济效益。

2012年，韦桃花成为水族马尾绣国家级非遗传承人。如今，作为贵州省三都县最有代表性的女性企业家之一，她将农家小作坊发展成马尾绣产业链，带领上万名水族妇女从事马尾绣生产制作，上

---

① 周忠能，韦恩雪，陈明珠. 三都举办2023年度民族文创产品成果会展活动[EB/OL].（2023-07-03）[2023-07-13].https://baijiahao.baidu.com/s?id=1770390485954691180&wfr=spider&for=pc.

水族马尾绣非遗传承人韦桃花

千个当地贫困家庭因马尾绣而改善生存境遇，马尾绣也发展成为当地最有活力的产业之一。

（五）对水族马尾绣及其传承人"走出去"的思考

根据对传承人的采访，以及各渠道搜集的资料来看，水族马尾绣这项技艺的"走出去"成效有待提高。究其原因，有以下几个：其一，由于社会变革等方面的原因，水族马尾绣技艺的传承出现严重断层，目前全国范围内国家级非遗传承人仅有两位；其二，水族马尾绣图案固化，创新乏力，造型单一，配饰较少，这些因素都制约着它的发展，导致其传播度有限；其三，水族马尾绣非遗传承人面临着受教育程度低、年龄大等局限，没有快速转型为企业家的潜力和资本，进而影响了水族马尾绣技艺产业化、规模化发展；其四，水族马尾绣生产基地处于偏远地区，各种资源无法及时对接，导致品牌塑造和宣传推广受限，限制了水族马尾绣的商业化。

清华大学美术学院教授代大权认为，非遗保护依赖于一定程度的社会共识，要让非遗真正成为社会的"家常饭"，而不是"短聚大餐"或"即食快餐"。同时，非遗的创新与传承不是二元对立，而是水乳交融的关系。"中华文明之所以绵延至今，正是优秀传统文化在社会实践中不断创作性地想象、创造性地转化、创新性地发展。"[1]

因此，想要推动水族马尾绣这样的传统技艺"走出去"，首要任务是保护并传承。因水族马尾绣这项技艺对工序没有文字记录，仅有赖于师徒之间的口传心授、长期实践的耳濡目染。因此，积极扩大传承人群，加强人才队伍建设是重中之重。如根据《贵州省三都水族自治县马尾绣调研报告》，2019年初，三都水族马尾绣生产经营企业达20余家，年产值3800多万元，解决了3000多名当地妇女就业。只有继续提升传承人的素养，培养更多相关专业

---

[1] 孟佳，骆飞，赵珮然. 非遗"出圈"的N种可能[EB/OL].（2023-06-10）[2023-07-13].https://baijiahao.baidu.com/s?id=1768315747248593466&wfr=spider&for=pc.

人才，才能让水族马尾绣的传承不断层，在当代及未来更加枝繁叶茂[①]。

其次，应结合现代观念，打开思路，立体化开发相关产品。要想创作出能流行于当下的马尾绣作品，除了要在技艺上精益求精，更要在设计创作上与时代结合。通过创意性地结合当下的流行元素、生活方式，让水族马尾绣的文化底蕴融入人们的日常生活中，创造出具备知识性、文化性、实用性兼备的非遗产品，才有可能吸引年轻人的眼球，引领时尚潮流。

再次，可以采用最常见的"非遗+旅游"模式，创造更多机会，使水族马尾绣加入到参与性的非遗文旅项目中。比如，可融合传统美食文化、传统节日文化、传统民间技艺文化等文化元素，通过推出水族马尾绣技艺体验游、集市、主题活动等旅游项目，多维度、多感官让游客感受水族马尾绣的魅力，全面提升游客体验，让这项技艺"活"起来。

最后，在互联网时代，讲好自己的品牌故事，借助更广泛的平台实现跨界营销，以及充分利用网络平台提高马尾绣技艺和产品的曝光度，都是马尾绣"走出去"可期待的未来。

扫码看视频

---

① 吴丹. 马尾绣非遗传承人桃花妈妈, 飞针走线逆转命运 [EB/OL]. （2022-02-08）[2023-07-13].https://baijiahao.baidu.com/s?id=1724183566143953053&wfr=spider&for=pc.

第三章

非遗类图书出版及"走出去"现状分析

非物质文化遗产类图书（以下简称"非遗类图书"），是指以介绍或研究非物质文化遗产为内容的图书。图书在文化传播中具有独特且不可或缺的优势：第一，相较于其他传播方式，图书能够长期保存，且可以通过不断重印、再版持续扩大传播范围。第二，从选题策划、编辑加工到最后的出版，图书需要经历较长时间的打磨，其对知识的评价往往更全面、系统、深刻。第三，图书的阅示时间和空间均相对自由方便。非遗类图书对中华优秀传统文化进行抢救性的科学总结，不仅是出版业的使命所在，更是坚定文化自信自强、实现中华民族伟大复兴战略要求的具体行动。

一、非遗类图书出版的现状与特点

（一）非遗类图书出版的现状

卷帙浩繁的非遗类图书，既能为专业研究者提供权威、严谨、丰厚的学术成果，也能为大众读者提供简明生动、图文并茂的科普知识；既可以对非遗项目进行综合性介绍，也可以对某一门类的非遗技艺进行细致的展示。

在全国图书馆联合编目中心公共查询系统中，以"非物质文化遗产"为关键词，进行所有字段的检索，共发现6865条符合要求的记录[①]，对这些数据进行统计分析，可了解非遗类图书的出版

---

① 数据来源于全国图书馆联合编目中心公共查询系统，统计时间截至2023年4月。

现状。

1.综合性、概述型图书

上述6865条记录中,有2500余种属于综合性、概述型图书,将非遗作为一个整体加以研究、介绍,占比约37%。这类出版物具有以下特点:一是突显权威性、指导性。如,中国文联出版社出版的《中国非物质文化遗产百科全书》,已推出《代表性项目卷》《史诗卷》《传承人卷》3卷,对中国非遗研究方面的学术成果进行全面系统的综合性盘点与梳理;社会科学文献出版社每年推出的《非遗蓝皮书:中国非物质文化遗产保护年度报告》,全面观照每年度中国非遗保护发展的整体格局,分析基本趋势、考察热点难点、思考发展对策,为资政决策提供有效参考。二是进行学科化、理论化探索。如,中国非物质文化遗产研究中心编写的《中国非物质文化遗产保护与开发全书》,围绕"图书馆与非物质文化遗产抢救保护""非物质文化遗产的利用"等主题展开论述;《中日韩非物质文化遗产的比较与研究》从比较研究的视角对中、日、韩三国非遗保护机制进行了分析,对我国持续完善相关政策有一定启示意义。当然,这类图书中不乏一些浅显易懂的作品,如《身边的非物质文化遗产》等,但整体而言,专业出版物所占比重较高,其受众相对集中。

2.聚焦型图书

上述6865条记录中,除了综合性出版物,另有4300余种出版物聚焦某一类别的非遗项目进行介绍，或专门对特定对象予以研究或展示，占比约63%。这类图书，相比于综合性、概述型图书，普及性读物的比重较高，更多地面向大众，是助力非遗文化走向普通读者的重要力量。

从出版数量上看，介绍国家级非物质文化遗产代表性项目名录中10个门类的图书并非平均分布。入选数量最多的是传统技艺类，曲艺类数量较少。可以推测，曲艺作为说唱艺术，通过说、唱、演、评、噱、学等艺术手法展现的形式，在传统纸质形态出版物上呈现时，有一定的局限性。据此可知，各门类非遗类图书与其所展示的非遗项目，在数量上具有一定的相关性。

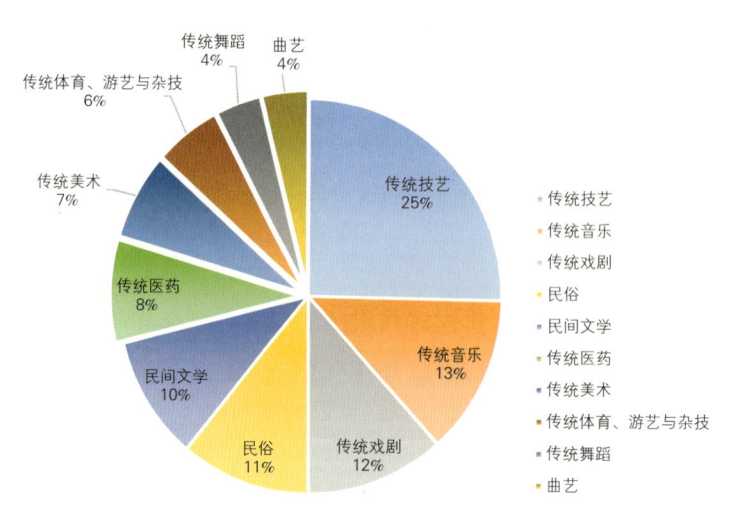

10个门类非遗图书数量分布

（二）非遗类图书出版的特点

1. 规模化程度较高

无论是综合性、概述型图书，还是聚焦型图书，丛书或套书均占有一定的比重。除了专业研究机构发布的年度报告，还有一些图书从不同的角度建立了套系化的规模：一是对不同类别的非遗项目进行介绍，如北京出版社出版的"大国工匠"系列，北京美术摄影出版社出版的"非物质文化遗产丛书"和"北京非物质文化遗产丛书"，民族出版社出版的"中国少数民族非物质文化遗产研究系列"，上海人民出版社出版的"上海市国家级非物质文化遗产名录项目丛书"，等等；二是对某个地区的非遗文化进行持续的跟踪研究，如宁波市文化广电新闻出版局编写的"宁波市非物质文化遗产田野调查"丛书、"宁波市非物质文化遗产大观"丛书，在2008—2012年间，连续5年出版158种，对宁波市所辖乡镇地区的非遗进行了细致的田野调查。

套系化的非遗类图书比重较高，与非遗项目持续壮大密切相关。当前，关于非遗项目的申报和管理日臻完善，国家级、省级、市级、县级四级平台已经建立，从目前统计的数据中可以看出，已出图书所涉及的范围也已同步覆盖四级。例如，文化艺术出版社出版的"中国非物质文化遗产代表作丛书"，对国家级项目做了重点介绍；浙江摄影出版社出版的"浙江省非物质文化遗产代表作丛书"，对省级项目进行研究；南京出版社出版的"南京非物质文化遗产丛书"，对市级项目传承人予以关注；甘肃文化出版社和团结

2017年，北京出版集团与黎巴嫩阿拉伯科学出版社举办
"非物质文化遗产丛书""北京古建丛书"阿语版签约仪式

出版社出版的"岷县非物质文化遗产保护丛书"，则将县级非遗项目带入了公众视野。

2. 普及性趋势逐渐突显

随着国家加大对非遗的政策扶持，市场对非遗类图书的需求也随着非遗热的兴起而增长。

全国图书馆联合编目中心公共查询系统中的数据显示，1990—2007年，非遗类图书出版近200种，年均10余种，反映出这一时期该类图书的出版尚未形成规模；2008—2022年，非遗类图书出版6600余种，年均400余种，不仅在数量上实现了大幅增长，普及性也显著增强。尤其是近10年来，这一趋势更加明显，具体表现在两个方面。

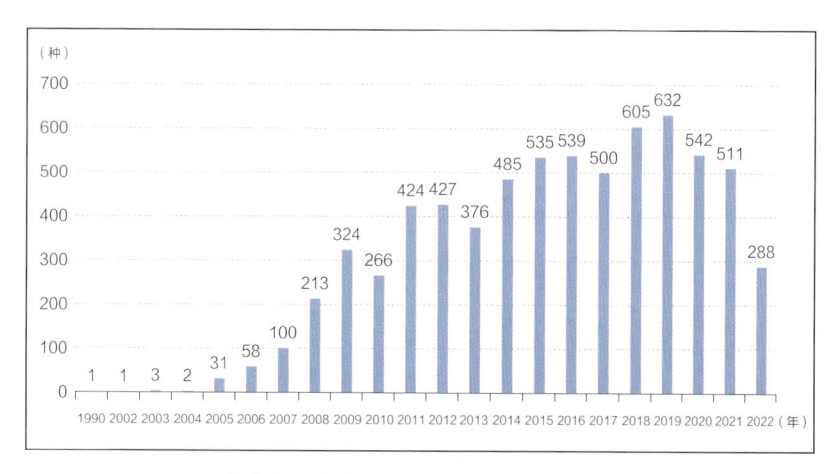

非遗类图书出版数量（1990—2022年）

一是普及性读物的数量约为综合类著作数量的2倍，对非遗10个门类均有涉及。其中，除以中国医药科技出版社出版的"中医非物质文化遗产临床经典读本"为代表的传统医药类图书专业性程度较高之外，其他门类普及性读物的比重均明显高于专业性著作。

二是专门为青少年读者策划的出版物陆续推出。广东教育出版社出版的《走进粤剧》，是广东省中小学教材审定委员会2018年批准的试验教材；兰州大学出版社出版的《走进兰州非物质文化遗产》，是"兰州市中小学校本课程读本系列丛书"的一个分册；武汉出版社针对不同学龄阶段的学生，推出了《指尖上的武汉非遗》拼音本、小学本、中学本；等等。此外，中信出版社推出的"哇！故宫的二十四节气"系列、金盾出版社推出的"原来这就是二十四节气"系列、浙江摄影出版社推出的"孩子们喜欢的传统节日绘本"系列、重庆出版社推出的"小书大传承 中国非物质文化遗产通识读本"系列，以及广东人民出版社推出的《非遗玩家》系列教材等，都体现出全国范围内的出版单位已开始聚焦未成年人群体的读物市场，积极策划少儿类选题，进一步推动非遗走向更广阔的大众视野。

综上，非遗类图书出版已蔚为大观，未来随着申报项目的不断增加，其阵容还有望继续扩大。当前，这类图书虽然品种丰富，但获得国家级大奖或入选行业重要榜单的佳作并不多，社会效益和经济效益整体而言并不突出。对于策划相关选题的出版单位而言，如何充分发掘该类图书的价值，使其更充分地被市场接纳、被读者关注，最大限度发挥其价值和作用，需要出版各关键环节的协同努力，既要确保内容质量，又要创新呈现形式，还要加强宣传推广，合力将更多非遗图书推向国内外读者，让更多的人感受中华优秀传统文化的魅力。

二、非遗类图书"走出去"的背景与意义

（一）响应国家号召，落实"走出去"政策的生动实践

"走出去"战略是2000年3月党中央提出的旨在全面扩大对外开放、优化开放结构、促进与世界各国交流的长远性、综合性、前瞻性的国家战略规划。"经济走出去"和"文化走出去"是"走出去"战略的两个重要组成部分。作为我国"文化走出去"战略的必然延伸，非遗"走出去"是配合中国特色大国外交、服务文化强

国建设的一项重要战略任务。2003年，国家新闻出版总署（现更名为国家新闻出版署）在全国新闻出版局会议上，正式提出了关于新闻出版业"走出去"的发展战略。2011年2月颁布的《中华人民共和国非物质文化遗产法》，将鼓励和支持开展非物质文化遗产代表性项目的传承与传播写进法律。2011年4月，原文化部发布《关于促进文化产品和服务"走出去"2011—2015年的总体规划》，明确在"商业性出口"的大基调下非遗"走出去"的重点和路径。2011年10月，党的十七届六中全会通过《中共中央关于深化文化体制改革　推动社会主义文化大发展大繁荣若干重大问题的决定》，明确提出要"抓好非物质文化遗产保护传承"，推动中华文化"走出去"，使中华文化的影响力不断提高。

　　党的十八大以来，以习近平同志为核心的党中央立足于坚持和发展中国特色社会主义文化，积极应对日益复杂的国际文化形势，高度重视非遗"走出去"，提出要"把跨越时空、超越国度、富有永恒魅力、具有当代价值的文化精神弘扬起来，把继承优秀传统文化又弘扬时代精神、立足本国又面向世界的当代中国文化创新成果传播出去"[1]。2021年，中共中央办公厅与国务院办公厅印发《关于进一步加强非物质文化遗产保护工作的意见》，其中明确指出："到2035年，非物质文化遗产得到全面有效保护，传承活力明显增强，工作制度更加完善，传承体系更加健全，保护理念进一步深入人心，国际影响力显著提升，在推动经济社会可持续发展和服务国

---

[1] 习近平著. 习近平谈治国理政 [M]. 北京：外文出版社，2014：106.

家重大战略中的作用更加彰显。"[①]2022年12月，习近平总书记对非物质文化遗产保护工作作出重要指示，强调"要扎实做好非物质文化遗产的系统性保护，更好满足人民日益增长的精神文化需求，推进文化自信自强。要推动中华优秀传统文化创造性转化、创新性发展，不断增强中华民族凝聚力和中华文化影响力，深化文明交流互鉴，讲好中华优秀传统文化故事，推动中华文化更好走向世界"[②]。

（二）传承中华优秀传统文化，讲好中国故事的重要途径

传播是文化的内在属性和基本特征。一切文化都是在传播的过程中得以传承和发展的，非遗文化也是如此。只有通过传播，非遗文化才能真正被更多的人接受，传播得更加广泛。随着全球化的发展，世界在文化呈现上愈发多样化，各国之间的文化交流日趋密切，全球文化呈现百花齐放的良好态势。在这样的国际大环境下，我国必须打造出属于中华民族独特的文化，只有这样，我国中华五千年的文明才会长盛不衰。

习近平总书记在2021年5月31日主持十九届中央政治局第三十次集体学习时强调，"讲好中国故事，传播好中国声音，展示

---

① 中共中央办公厅　国务院办公厅印发. 关于进一步加强非物质文化遗产保护工作的意见[Z]. 2021-08-12.
② 习近平. 习近平对非物质文化遗产保护工作作出重要指示强调　扎实做好非物质文化遗产的系统性保护　推动中华文化更好走向世界[N]. 新华网，2022-12-12.

真实、立体、全面的中国,是加强我国国际传播能力建设的重要任务"[1]。中华优秀传统文化是中华民族在经历上下五千年历史激荡后积累沉淀下来的精神根基,是最为厚重的文化软实力,是构建人类命运共同体、讲好中国故事的关键。新形势下,习近平总书记再次指出:"不忘历史才能开辟未来,善于继承才能善于创新。优秀传统文化是一个国家、一个民族传承和发展的根本,如果丢掉了,就割断了精神命脉。"[2]2022年6月8日"文化和自然遗产日"前夕,文旅产业指数实验室发布《2022年非物质文化遗产在海外短视频平台影响力报告》。这份以抖音海外版TikTok为主要数据分析源的报告显示,TikTok上非遗相关内容视频播放总量目前逾308亿次[3],在这一海外热门社交平台上,有大量的非遗传承人以及爱好者自发地分享中国非遗文化的相关内容。在热门中国非遗文化中,"武术"热度最高,TikTok上视频播放次数达222亿。中国民俗同样备受关注。2021年,民俗非遗项目"春节"话题在TikTok上的视频播放量超过46亿次[4]。"武术"和"春节"之所以深受海外民众的喜爱,是因为其蕴含的哲学、军事理念、社会风俗、历史人文都能从传统文化中追根溯源,让海外民众了解和领略中国非遗文化。可见,讲好中国故事需要从优秀传统文化,尤其是非遗文化中

---

[1] 习近平. 讲好中国故事,传播好中国声音,展示真实、立体、全面的中国(习近平讲故事)[N]. 人民日报,2021-12-30.
[2] 习近平. 习近平谈中华优秀传统文化:善于继承才能善于创新[N]. 新华网,2017-02-14.
[3] 短视频为非遗"出海"扬起风帆[J]. 半月谈,2022.
[4] 冉晓宁. TikTok助力非物质文化遗产海外走红[N]. 新华网,2022-06-13.

源源不断汲取灵感,让世界各国人民通过丰富多样的中国故事真正认识中国,进而持续增强国际传播能力。

(三)满足海外读者文化需求,回应国际社会关切的时代要求

中国作为四大文明古国之一,中华文明是持续至今的古老文化之一,也是世界上持续时间最长的文明。中国拥有着超过5000年的历史,可追溯到古代的黄河流域文明。在漫长的历史发展长河中,中华文化融合了多种民族、地域和思想的成果,并不断地影响着周边国家乃至世界其他地区。例如,中华文化对中国周边国家日本、朝鲜、韩国、越南等地产生了深远的影响,形成了相对独立的中华文化圈、儒家文化圈,以儒家思想为核心的中国文化,以及科举制度、四大发明、航海造船等,是欧洲近代启蒙运动的重要思想源泉。因此,那些最能体现中国文化精髓、最能展现中国变化趋势以及最能凝练中国经济发展经验成果的著作,成为海外专家、普通读者、文化爱好者了解中国的重要窗口。

自2001年中国加入世界贸易组织以来,经过20余年的深化改革、全面开放,中国经济和社会发展取得了举世瞩目的成就,主要经济社会指标占全球比重持续提高,居世界排名不断上升,国际地位和国际影响力显著提升。从版贸数据来看,我国的图书版权贸易逆差不断缩小,出版物(图书、音像制品和电子出版物)版权引进和输出的比例逐年降低——从2012年的2.20∶1,到2017年的1.43∶1,

再到2020年的1.02∶1。到2020年，引进与输出基本持平[1]。2021年，出版业高质量发展，全国出版物版权贸易首次实现1.05∶1的顺差，实现了突破性发展[2]。上述数据表明，海外读者对于中国图书的需求客观存在且日益加大。在各种文化形式中，非遗类图书在国际传播中具有得天独厚的优势，它既承载着文化精华，又将传统与现代相结合，体现了文化的包容性、开放性与多样性，能较好地展示中国文化不断吐故纳新、与时俱进的精神，较好地满足海外读者的阅读和文化需求，是海外读者了解中国的一扇重要窗口。

三、非遗类图书"走出去"的概况与特点

（一）非遗类图书"走出去"的概况

1.政府主导下的非遗类图书"走出去"

（1）国家级"走出去"项目介绍

2003年，国家新闻出版总署在全国新闻出版局会议上，正式提出了关于新闻出版业"走出去"的发展战略，此后，各出版机构着力开启图书向外推广的计划，借助政府相继出台的扶持政策在海外寻找中国图书市场。截至2023年6月，"走出去"项目共有四大

---

① 左志红. 出版发行业数据：版权贸易逆差持续缩小[N]. 中国新闻出版广电报，2022-10-18.
② 陈麟. "三百亿"图书出版集团突破10家，出版物纯销售创史上之最[N]. 中国出版传媒商报，2023-03-15.

类："丝路书香出版工程""经典中国国际出版工程""中国图书对外推广计划""中国当代作品翻译工程"。项目发起的目的均为促进优秀中国文化在海外传播，加强中国文化海外影响力。

"丝路书香出版工程"于2014年由中宣部批准立项，2015年开始实施，规划设计到2020年，目前仍是国家级"走出去"项目的主力军。项目申报要求是版权输出国家必须是"一带一路"沿线国家。"丝路书香出版工程"是新闻出版业唯一进入国家支持共建"一带一路"倡议重大举措的重点工程，是我国国际传播能力建设总体框架中的重要组成部分，也是我国唯——个专门针对"一带一路"沿线国家翻译出版我国优秀作品的出版项目[①]。项目对丝路文化精品图书、中国主题图书、传统文化图书、优秀文学图书和原创少儿图书的翻译推广给予重点资助。

"经典中国国际出版工程"于2009年10月启动，是国家新闻出版署为鼓励和支持适合国外市场需求的外向型优秀图书选题的出版，有效推动中国图书"走出去"而直接抓的一项重点骨干工程。旨在鼓励和支持体现国家意志、代表国家水准、传承中华文明、反映时代风貌、适于国际传播的外向型优秀图书选题的翻译和推广出版。

"中国图书对外推广计划"于2004年启动，是所有图书"走出去"项目中启动最早的一项，主办单位为中宣部，侧重扶持普及类读物，注重翻译费的资助。该项计划作为我国实施的第一个国家级图书对外翻译资助项目，自实施之初支持向俄罗斯、新加坡、波

---

① 刘蓓蓓. "丝路书香出版工程"8年立项项目浅析[N]. 中国新闻出版广电报，2023-06-14.

兰、罗马尼亚等国家翻译出版我国优秀作品。从2015年起，逐步加大对"一带一路"沿线国家的支持力度。

"中国当代作品翻译工程"由中宣部于2013年启动，资助项目的范围为改革开放以来中国大陆出版的文学作品，包括小说（长、中、短篇）、报告文学、诗歌、散文4类。每年精选思想精深、艺术精湛、制作精良的现实题材文学作品，对其翻译出版和海外推广进行资助。该项工程的扶持对象仅为文学类图书，涉及非遗类图书的项目较少。

（2）"丝路书香出版工程""经典中国国际出版工程"扶持的非遗类图书"走出去"

上述四大工程在非遗类图书"走出去"中均发挥了重要作用，但由于"中国图书对外推广计划""中国当代作品翻译工程"立项项目结果未公示，本书仅对"丝路书香出版工程"与"经典中国国际出版工程"进行相关分析。这两个重要工程从不同角度对出版合作予以支持，虽然扶持对象各有侧重，但均为促进相关合作搭建平台创造了良好条件。

从2015至2022年（从项目实施年份起到最新统计年度），"丝路书香出版工程"已连续实施8年，共资助2900多个项目，版权输出到87个国家和地区，涉及55个语种，是我国在"一带一路"出版对外合作方面规模最大、持续时间最长的项目[1]。"经典中国国

---

[1] 甄云霞. "一带一路"国际出版合作十周年综述[N]. 中国新闻出版广电报，2023-06-14.

际出版工程"在"走出去"国家级项目中，是"丝路书香出版工程"的重要补充。

2015—2022年"丝路书香出版工程"总项目数量
及非遗类图书项目数量统计表

年份	总项目数量（个）	非遗类图书项目数量（个）	占比（%）
2015	546	97	17.77%
2016	439	37	8.43%
2017	272	44	16.18%
2018	375	42	11.20%
2019	286	22	7.69%
2020	308	28	9.09%
2021	324	25	7.72%
2022	371	19	5.12%
总计	2921	314	10.75%

2015—2022年"经典中国国际出版工程"总项目数量
及非遗类图书项目数量统计表

年份	总项目数量（个）	非遗类图书项目数量（个）	占比（%）
2015	123	13	10.57%
2016	127	23	18.11%
2017	87	13	14.94%
2018	101	18	17.82%
2019	93	13	13.98%
2020	107	13	12.15%
2021	92	7	7.61%
2022	173	13	7.51%
总计	903	113	12.51%

从以上两类项目8年入选的情况看，入选项目类别主要有主题类、社科类、传统文化类、文学类、少儿类和科技类六大类。其中，传统文化类图书中的非遗类图书立项项目呈现以下特点：

一是数量占比逐年下降。"丝路书香出版工程"非遗类图书立项项目中，8年来项目数量由2015年的97个下降到2022年的19个，项目数量占比总体而言呈下降趋势，从17.77%下降至5.12%。"经典中国国际出版工程"中非遗类图书立项项目，8年来入选数量基本保持在10～20个，但是由于入选该工程的项目总数在增加，即使非遗类图书数量时有回升，但从占比上看，非遗类图书立项项目总体而言呈下降趋势，从2015年的10.57%下降至2022年的7.51%。下降的主要原因在于近几年两大项目主要扶持对象更侧重于主题类图书和文学类图书，且立项图书的类别逐步优化，更好发挥政策导向作用。对于传统文化类图书，该两个工程均注重大众性与学术性相结合。

二是主要输出语种为大语种。从"丝路书香出版工程"的输出语种看，受资助项目共涉及对象国使用的55个语种。位列资助数量前三的语种是阿拉伯文（523个）、英文（371个）以及俄文（343个），这3种语言都为联合国常用语言[1]。非遗类图书立项项目中，位列资助数量前五的语种是阿拉伯文（54个）、俄文（38个）、英文（23个）、哈萨克文（15个）以及马来西亚文（14个）。值得注

---

[1] 刘蓓蓓. "丝路书香出版工程" 8年立项项目浅析[N]. 中国新闻出版广电报，2023-06-14.

意的是，数量前三的语种中，入选项目多为汉字、茶、四大发明等非遗文化相关书籍，哈萨克斯坦对于中医、新疆工艺美术十分感兴趣，而马来西亚对丝绸之路相关非遗类图书更感兴趣。从"经典中国国际出版工程"的输出语种看，受资助项目共涉及对象国使用的37个语种。位列资助数量前五的语种是英文（324个）、日文（51个）、韩文（48个）、法文（42个）、俄文（35个），上述5个语种中有3种语言为联合国常用语言。非遗类图书立项项目中，位列资助数量前五的语种分别是英文（36个）、韩文（14个）、法文（9个）、俄文（8个）以及日文（8个）。不难看出，在两大工程项目立项语种上，尽量选择匹配能覆盖更多人数、实现更优传播效果的大语种。"丝路书香出版工程"挑选了"一带一路"沿线国家和地区中语种使用数量多、文化实力雄厚的国家。而"经典中国国际出版工程"作为"丝路书香出版工程"的补充，同样遵循了上述原则，对相关项目给予立项。

三是输出内容多为某一大类非遗文化或较宽泛的文化，多为文化科普读本。从314个"丝路书香出版工程"非遗类图书立项项目中检索关键词（出现2次以上），发现"文化"出现36次，"故事"出现23次，"书系"出现20次，"图说"出现19次，"艺术"出现18次。而关于具体的非遗类项目字眼，"中医"出现10次，"建筑"出现6次。"舞蹈""京剧""工艺美术"分别出现5次。而讲述具体某一项非遗项目的图书，仅有民族出版社申报的《哈萨克民俗学》西里尔文版（哈萨克斯坦文），浙江人民出版社申报的《蜀锦织造技艺》孟加拉文版，新疆电子音像出版社申报的《新疆艺术研究卷——新疆岩刻画》哈萨克文版，浙江科学技术出版社申报的《东阳传统民居营造技术（上、下册）》乌尔都文版等不超过10种项目。从113个"经典中国国际出版工程"非遗类图书立项项目中检索关键词（出现2次以上），发现"文化"出现15次，"传统"出现7次，"丛书"出现7次，"故事"出现6次。而关于具体的非遗类项目字眼，"汉字"出现6次，"神话"出现4次。而讲述具体某一项非遗项目的图书，仅有生活·读书·新知三联书店申报的《福建土楼》英文版，云南人民出版社申报的《云南民族民间文学典藏·彝族·阿诗玛》韩文版，科学出版社东京株式会社申报的《中国手工竹纸制作技艺》日文版。可以看出，讲述具体某一项非遗项目的图书，多是版权输出国家与引进图书的文化相近或相似，或该项非遗技艺在当地文化中原有传播范围较广。

2.政府扶持，企业发力

从狭义范围上来看，非遗类图书是指那些以介绍或研究非物质文化遗产为主要内容的出版物；从广义范围上来看，非遗类图书可以包含涉及或体现非遗类文化或以非遗类文化为背景创作的图书，不仅仅具象于介绍具体的某一项非遗文化。目前，狭义范围上的非遗类图书，获得国家扶持的可能性较大；而广义范围上的非遗类图书，则需要依靠出版社主动挖掘，积极争取政府扶持，一起发力。

以北京出版集团北京十月文艺出版社出版的《北上》为例，本书就是一个在政府和出版社共同努力下成功实现"走出去"的典型案例。《北上》在选题之初，作者徐则臣就选定了以大运河为背景。从地理意义上看,大运河包括隋唐大运河、京杭大运河和浙东大运河3个部分,全长2700公里,跨越地球10多个纬度,地跨北京、天津、河北、山东、河南、安徽、江苏、浙江8个省、直辖市,纵贯在中国华北大平原上,通达海河、黄河、淮河、长江、钱塘江五大水系,是中国古代南北交通的大动脉,至2020年大运河历史延续已2500余年。据统计,大运河沿线水工遗产、运河故道、古城古镇等有1200余个,国家级非物质文化遗产代表性项目400余项[1]。该书以两个意大利人在运河上的经历为主线,以历史与当下两条线索,讲述了发生在京杭大运河之上几个家族之间的百年"秘史"。从文化意义上看,该书中的人物出现均与京杭大运河申报世界文化遗产密切相关。看似是与大运河有关,看似是讲述"中国故事",但该书巧妙地以文学的形式描述中国当代社会的巨变,用"巧劲"向读者讲述了大运河沿岸的非遗文化。千年大运河,意义是多层次的——它不仅在经济、政治、文化上对中国的大一统有着特别的意义,对构建人类的精神也有很大的作用。中国的五大水系,钱塘江以及往北的长江、淮河、黄河,再到海河,形成了一个个独特的文化经济地带[2]。考虑到本书的特殊意义,北京出版集团将其作为重点图书向海外出版社进行推介并在达成版权输出意向后积极申报项目。目前,该书已经成功输出到阿拉伯国家、土耳其、马来西亚、塞尔维亚等多个国家与地区。

---

[1] 曹政. 文旅部:大运河沿线国家级非遗代表性项目有400余项[N]. 2020-09-27.
[2] 余一鸣.《北上》,带你从不同视角了解大运河[N]. 南京日报,2022-06-22.

《北上》借助文学故事、海外人物引起海外读者的兴趣，用文学这个共通话题，讲述和承载了非遗文化。由此可知，广义范围上的非遗类图书虽然无法直接向海外读者阐述非遗文化的相关特点和情况，但通过精妙的呈现形式，可以成为引导海外读者了解非遗文化的一扇重要窗口。

3. 企业主动作为，携手融媒体打造文化新高地

由于政府扶持的项目多注重社会效益，很难兼顾经济效益，近年来，除去政府主导的非遗图书"走出去"项目以外，也有不少出版企业开始主动作为，出版了一批适合海外市场的非遗图书，并利用融媒体等新技术实现全方位的传播与销售。

提前布局，融媒先行。2022年，湖南少年儿童出版社的"中国非遗"系列中文版、英文版、僧伽罗文版、尼泊尔文版4个版本全球同步出版，本套系图书共分为5册，作者全部启用新人阵容，让年轻作者用青春视角讲述古老故事。全部文本、绘图打磨历时两年，反复深入推敲，最终写出5个精彩的小故事，每个故事各有亮点。例如《花丫丫学剪纸》讲述的是浓浓的"民间趣味"。扬州城的花丫丫跟着老爷爷学剪纸，经过3年观察生活、磨炼技艺，成了有名的剪纸能手。这套极具文学性、故事性、美感和融媒体科技感图书的出版，标志着非遗类图书在"走出去"方面实现了创新一步。该书在选题确立之初，就明确了套系故事的组稿标准：一是要写一个孩子和一项非遗的故事；二是展现一项非遗技艺的制作过程；三是在绘画上尽量模拟非遗艺术的特点，让读者体验到满满的

氛围感；四是采用全英文翻译、中英文双语音频演播的融媒体新方式，注重打造沉浸式体验；五是在编辑之初就积极与海外出版社密切沟通。由此看出，在传统文化中深挖选题、选用新视角讲述中国故事、拥抱新技术做好助力工作，在很大程度上帮助了出版企业的非遗图书成功"走出去"。

多措并举，实现输出。2019年11月，山东教育出版社与波兰学术对话出版社签订"中国民艺馆"丛书中5种图书的版权输出协议，包含《戏曲纸扎》《百鸟绣屏》《锅碗瓢盆》《书本子》《枕顶花》。这也是该套丛书在第二十六届北京国际图书博览会上输出《木版年画》《戏曲纸扎》2种图书的韩文版权后，再次实现"走出去"。2021年6月，广西科学技术出版社策划推出的"剪影·六位国家级非遗剪纸大师作品系列"英文版由加拿大皇家柯林斯出版集团出版，在加拿大Indigo书店、美国巴诺书店、英国Blackwell书店、澳大利亚Booktopia书店、日本Kinokuniya书店、韩国YES24书店等主要渠道推广销售，帮助世界读者进一步了解中华优秀传统文化、领略东方大国的风采。此外，广西科学技术出版社不满足于版权输出，在实物出口方面也取得了不错的成绩。该书实物输出到悉尼中国文化中心、美国大使馆以及巴黎中国文化中心等，累计实物输出270套。同时，该书英文版进入美国克利夫兰公共图书馆及美国宾夕法尼亚大学图书馆馆藏，让世界各地读者有了更多了解中国优秀传统文化的机会。广西科学技术出版社的成功，主要在于该社极大程度上拥有了适合该书传播的主流渠道，在实物出口上也主动发力，两相有机结合成为业界的一个经典案例。

（二）非遗类图书"走出去"的特点

1.以文化科普类读本为主，内容浅显易懂

中华文化"走出去"的受众及其特征可以做如下简单归纳：受过良好教育，具有开阔的视野，对于国际形势、不同文化抱有较为浓厚的兴趣；东方文化对他们具有一定吸引力，但他们尚且不属于专家型学者[1]。内容过于专业的非遗类图书，大众理解起来难度较大，翻译成外文时往往面临较大挑战，不易引发海外读者的关注。因此，非遗类图书成功"走出去"的经典案例中，多为文化科普类读本，其特征是书名倾向于某一类鲜明的主题，内容较为浅显易懂。

从314个"丝路书香出版工程"非遗类图书立项项目以及113个"经典中国国际出版工程"非遗类图书立项项目关键词检索结果来看，文化读本、某些非遗文化的具体大类，以及被国外民众熟知的中华优秀传统文化相关的非遗图书更容易实现"走出去"。从内容上看，"走出去"的非遗类图书多为介绍该非遗项目的历史、发展历程和现状，较少涉及复杂的制作技艺介绍。例如，已立项的非遗类图书项目中，京剧非遗类图书包括《京剧的魅力与时尚》、《京剧知识词典》、《京剧原来如此美丽》、《梅兰芳与京剧在海外》、《京剧知识——走进美丽的京剧》、《中国京剧》、《中国京剧史（1790—1949）》以及《中国京剧二十讲》。从书名不难看

---

[1] 林青松. 从图书出版看中国文化"走出去"[J]. 出版人，2023-07-17.

出，成功"走出去"的非遗类图书倾向于文化科普，图书主题明确。反之，由于传统技艺、传统医药等涉及复杂的制作技艺、制作流程，且翻译难度大，可能导致海外受众无法读懂、较难产生兴趣，这几类非遗图书在"走出去"上就失去了优势。

2.套系型图书比重高，规模效应显著

正如前文所言，丛书或套书在非遗类图书中占有一定比重，这一特点对该类图书"走出去"产生了直接而鲜明的影响。以北京出版集团为例，截至目前，该集团成功推出了"非物质文化遗产丛书"英文版、"中华文明探微"阿拉伯文版、"北京古代建筑书系"阿拉伯文版、"北京古代建筑文化大系"日文版等外文版图书共60

2016年，北京出版集团在伦敦大英图书馆、爱丁堡大学、牛津大学三地举办"北京出版集团精品图书英国巡展暨文化交流活动"

余种，其中，套系型图书占比超过90%。之所以多为套系型图书，主要在于文化类图书的自身特点。一般而言，丛书、套系型图书所辑录的图书之间都有联系，或是图书性质上的，或是图书内容上的，或是图书作者方面。丛书中所收集图书之间的联系，为研究者研究一定的学术问题提供了方便[1]。对于国外读者而言，套系型图书更便于其系统性学习或了解某一类非遗文化。此外，套系型图书无论是在国内还是国外，都容易形成规模效应。在图书规模上，套系型图书更容易在市场引发反响，读者对某个单品或者某一位作家的作品感兴趣，会进而关注其所在的整个套系，以寻求相似产品，由此而带来更好的宣传效果和市场销量。

"北京古代建筑文化大系"日文版　　"非物质文化遗产丛书"英文版

---

[1] 韩翠花. 类书与丛书在文化传播上的不同作用[J]. 中国典籍与文化, 1998（3）: 58-62.

四、非遗类图书"走出去"存在的问题

（一）展现方式受限，内容单一

国家级非物质文化遗产代表性项目名录的10个分类中，民间文学、传统美术、传统医药和民俗能够较好地以文字和图片的形式展现其精髓，而本身就兼具视听说功能的传统音乐、传统舞蹈、传统体育、传统技艺等，通过图书展现其内容和形式时，往往缺乏音视频、实时体验等更为丰富立体的展现方式。纵观国内，非遗类文化传播已兼具观看、体验、品尝、制作、购买、游览、阅读等多功能于一体的特点。例如，在2022年文化和自然遗产日前后，文化和旅游部组织各地开展以"连接现代生活，绽放迷人光彩"为主题的非遗宣传展示活动，在网络平台看非遗纪录片，在电商平台购买非遗好物，在线下看非遗展，体验非遗手工艺乐趣，让各族人民群众创造的非遗惠及日常生活，实现大众共享，进一步激发了非遗的生命力和创造力。

图书稳定性、可靠性的特点，决定了非遗类图书在对外传播中会受到地域性等客观条件的限制，无法及时、实时、全面地进行传播。即便在融媒体发展欣欣向荣的背景下，越来越多的非遗类图书可以通过附加二维码、光盘等形式或载体实现有声书、视频类非遗文化的传播，但在内向传播、组织传播、人际传播和大众传播中，非遗类图书的传播范围仍然有所局限。

即使在国内，以"图书+多媒体+文创产品配套"等综合服务

的形式将非遗文化的观看、体验、品尝、制作、购买、游览、阅读等几大功能同时实现，仍然需要投入相对较高的成本，且需要多方合力、统一调度，而这一路径在国外推广起来难度更大，无法在短时间内实现。

（二）内容偏深邃的非遗类图书，尚难融入海外市场

中国是非遗大国，截至2022年12月，中国列入联合国教科文组织非物质文化遗产名录（名册）的项目共计43项，总数位居世界第一[①]。随着非遗热的兴起，国内已出版了数量可观的非遗研究专著，刊载的文章则更为丰富。但是，如前文分析，在已出版的非遗类图书中，虽然普及性趋势逐渐突显，仍然有较大比重的图书以非遗理论的构建、保护、利用研究等为主。这类图书虽然对推动非遗学科的发展、非遗保护理论的建构具有重要意义，但其太过于专业和学术化，主要读者对象是学者专家，不利于向大众推广非遗文化[②]，在"走出去"过程中也面临着因内容抽象生涩而难以被海外受众接受的情景。

而作为"走出去"主力军的文化类图书，从内容看偏重于对传统作品的汇编选编，对中华文化的精神内核解读还不够深入，对当

---

① 中国非物质文化遗产网·中国非物质文化遗产数字博物馆. https://www.ihchina.cn/directory_list.html.
② 陈新刚. 全媒体时代下非物质文化遗产类图书出版探索[J]. 新西部，2022（2-3）：128-130.

代中国文化介绍和阐释不够丰富。目前，推动非遗类图书"走出去"面临的突出问题，一是在众多非遗文化中挑选适合出版且适合"走出去"的图书难上加难，目前国内并无专门针对海外受众编写的非遗类图书；二是海外受众对于中国文化，尤其是非遗类文化的理解和认知还停留在浅表层次，难以深入感受中国文化的真正魅力。无论是过于专业的著作，还是相对粗浅的读本，均很难得到更大范围的海外受众的认可和喜欢，无法深度融入海外市场。

（三）翻译难度大，质量参差不齐

2022年，我国翻译及语言服务从业人员规模达601万，相比上一年增长11.7%[1]。有专家学者指出，全国每年的翻译专业毕业生虽多，但高质量的翻译人员匮乏已经成为不争的事实[2]。由此看出，中国图书"走出去"翻译的首个难关就是高端翻译人才的缺乏，而非遗类图书的特点则进一步加大了翻译的难度。2011年，澳大利亚有一家中文书店出售两本内容相近的图书，一本是中国外文出版社出版的《中国针灸学》，物美价廉；一本是由美国出版社购买中国版权后翻译出版的《中国实用医学》，价格极高。但后者销售火爆，而前者长期滞销，究其原因，主要在于后者是英语国家译者所译，前者却是中国译者所译。这个例子十分清楚地表明翻译

---

[1] 王明玉，王思北. 我国翻译及语言服务从业人员规模突破600万[N]. 新华社，2023-04-04.
[2] 尉红琛. 悄然变化的翻译世界[N]. 今日中国，2023-04-04.

在"走出去"图书中扮演着至关重要的角色[1]。普通图书的翻译尚需大量高端人才,对于拥有专业词汇、民俗特色等专业内容的非遗类图书,翻译的难度就更大。此外,非遗类图书翻译还存在理论与实践脱轨的问题。有学者分析指出,高素质翻译人才不足的主要原因是高质量生源不够多以及学校教育与实践需求存在较大差距。在教学内容上,翻译项目管理目前并未纳入必修课程,将虚拟翻译机构系统地整合到课程中,让学生有真实的职业体验,体验项目经理、译员或编辑的角色,还需要付诸实践。非遗类图书中的大量专业词汇、制作技艺需要译员不仅通过阅读大量文本理解消化,更需要对非遗文化进行深入了解和实际操作。

(四)国际传播壁垒较高,刻板印象较难打破

传播壁垒是指一国对他国的传播内容设置传播障碍,有意抵触或排斥。非遗类主题图书所面对的传播壁垒,属于文化贸易领域范畴。在文化贸易中,进口国出于对自身文化影响或者保护本国文化市场的独享性等因素的考虑,会对外来文化产生抵触情绪,设置一些人为的障碍,由此对文化输出造成了传播壁垒[2]。长期以来,西方国家主导着全球信息与知识的流动,其图书产品可以借助强大的政治经济实力以及全球出版发行能力,对世界上其他国家和

---

[1] 和龑. 对"中国出版走出去"若干问题的思考[J]. 中国编辑,2010(6):19-22.
[2] 王文彬,隋欣. 非遗主题图书对外译介与传播的问题与对策[J]. 辽宁经济职业技术学院·辽宁经济管理干部学报,2022(6):41-43+62.

地区的出版内容产生一定影响。它们先入为主地认为其他国家的文化不具备优势，在出版物引进方面有所限制。此外，由于西方媒体对于中国文化存在刻板印象和偏见，在报道和宣传时往往会采用相对机械、固定的方式，导致海外受众对于中国文化仅仅停留在中国功夫、熊猫等浅层化的认知上，对于系统全面了解中华优秀传统文化缺乏主动和热情，这是非遗图书"走出去"道阻且长的重要原因之一。

五、非遗类图书"走出去"的建议

非遗类图书具有非常鲜明的地域特色和民族风情，作为文化传播的重要载体，其"走出去"意义重大。积极探索非遗类图书"走出去"的有效路径，可以在以下几方面做出努力。

（一）集中优势，突破非遗类图书"走出去"的局限

国务院先后于2006年、2008年、2011年、2014年和2021年公布了五批国家级项目名录，共包含1557个国家级非物质文化遗产代表性项目。若按照申报地区或单位进行逐一统计，共计3610个子项。数量如此庞杂的非遗项目，哪些适合输出到海外市场，哪一种方式更能被海外受众所接受，是需要深入思考的问题。

相比于国内分批次公布的国家级非物质文化遗产代表性项目，联合国教科文组织非物质文化遗产名录（名册）项目更被世界民众

熟知，那么关注被联合国纳入的非遗文化遗产的图书是否在"走出去"方面更具有优势，需要严谨科学地调研论证。相关选题确定后，如何采用海外受众容易理解、乐于接受的方式实现输出，同样至关重要。

实现非遗类图书"走出去"效能最大化，克服非遗类图书展现方式受限、内容单一的缺陷，政府可以发挥重大作用。在该类图书出版上，一是进一步提供政策支持与保障，可以加大非遗类图书在国家级项目中的扶持力度，也可以在重点非遗类图书项目出版前给予政策和资金上的援助。二是组建"国家出版队"，使非遗图书集中"走出去"。集中挑选一批适合"走出去"的非遗类文化选题，求得该领域内相关专家的指导，以国外读者接受的方式编撰图书，再委托国内专业出版社出版发行。三是建立长效发展机制。以"出版+"的方式全方位、集中式地在海外进行文化传播。例如，以"出版+展览"的方式集中宣传传统美术、传统医药等非遗类图书；以"出版+表演"的方式集中宣传传统音乐、传统舞蹈、传统技艺等非遗类图书。

（二）强强联合，推动品种丰富的非遗类图书融入海外市场

要想把品种丰富的非遗类图书融入海外市场，就得打造一支懂得国际化传播的编辑队伍，来负责完成此项任务，出版社在其中起到了不可或缺的重要作用。编辑是伯乐，是精品出版物的组织

者、策划者和培育者。编辑开发面向适合海外市场的非遗类图书选题，要具备全球视野。出版社可以在选题策划之初，在政府或者协会的帮助下，组织和征集一批称职的国内外编辑，聚拢资源，共同发力。在确定适合国际传播的选题后，出版社要敦促编辑，不仅要组织专业的作者进行编写，更要懂得如何引导作者以吸引国外受众的方式讲好中国故事。在非遗类图书出版之后，要依靠优质营销团队，与当地出版社、代理机构、文化组织进行合作，强强联合，及时做好非遗类图书的宣传推广；出版社也可以成立海外事业部，由专人负责拓展海外渠道，充分搭乘国际文化活动的东风，举办相应文化交流、展陈表演等丰富多彩的活动，让学术作品、科普读物等多种多样的非遗类图书，都能成为海外读者喜欢的佳作。

"中华文明探微"丛书阿拉伯文版

（三）打造专业化翻译团队，确保非遗类译著质量

2023年，国务院新闻办公室主任蔡武在"中译外——中国走向世界之路"高层论坛开幕式致辞中指出，我国对外传播事业的发展，使我们急需一支相当规模的高素质、专业化的中译外人才队伍。

优质非遗类图书的"走出去"，需要好翻译，要下大力气打造专业翻译团队。国家层面，可以从政策、资金和人才队伍上给予支持。建立非遗文化翻译和高端翻译人才培训基地，设立相关翻译基金，开设翻译研修班、研讨会，培养出一个良性的翻译生态循环圈。翻译培养院校层面，要提高对翻译人才的重视程度和培养力度。从发展我国对外传播事业的角度出发，加强相关领域的人才培养和课题研究。要加强翻译课堂与实践的有机结合，在运用翻译理论武装头脑的同时，与各非遗基地、研究机构合作，开设相关实习课程。在前期专业人才培养阶段，帮助更多译者既懂翻译知识，又懂非遗文化。要充分挖掘、利用好外部力量。从以往的翻译成效来看，海外汉学家既精通本国母语，又了解中国文化。因此，可以组织海外汉学家参与翻译工作。出版社层面，非遗项目要有规划，形成规模、推出精品，一本非遗类图书被翻译成英文后，可以"多条腿走路"，推进多语种翻译。除了英语、法语、俄语等大语种，在已有英语译本的基础上继续翻译小语种。

（四）提升内容品质，突破国际传播壁垒

突破文化壁垒的关键，是要提升非遗类图书内容品质并创新营销的方式方法。出版社要注重精品图书的生产，集中精力和优势资源打造优质非遗类图书。要果断摒弃不断重复出版同质化图书产品以单纯追求规模与数量的陈旧思路，实干创新打造能够获得国际出版市场认可的非遗类图书，为国际传播夯实基础。在生产技术、选题理念上可以多向优秀的图书出版商学习，对标优质市场，不断提升内容品质。非遗类图书要想获得更好的国际传播效果，应该树立服务全球读者的思维。出版社要立足国际出版市场，深入挖掘更符合人类共同的创作审美、国际传播规律、易于被海外读者接受的优秀产品，与海外读者产生共鸣。一本优质的非遗类图书，既属于中国，也属于全世界。这就要求在非遗类图书选题策划过程中，充分挖掘文化的共通性，尽可能减少因文化差异带来的文化理解上的误读。

"借助新媒体和垂直领域的应用将有助于我们进一步穿透文化壁垒，减少彼此之间的文化误读，避免种种过度诠释和信息扭曲，在这个意义上建设新的交流、传播业态，为未来中国特色的文化推广和中国式现代化建设做出贡献"[1]，随着国际传播进程持续加速，选题策划的出发点应打破特定受众群体的局限，根据不同国家和地

---

[1] 王思北，余俊杰，邓瑞璇. 为讲好新时代中国故事汇智聚力——新媒体时代的国际传播创新分论坛综述[N]. 新华网，2023-06-09.

区读者的喜好进行综合考量，因地制宜采取不同的方式和策略，努力打破文化误读带来的偏见，丰富和完善中国文化在海外读者心目中的形象。

（五）拥抱新技术，数字赋能非遗类图书

抖音发布《2022非遗数据报告》指出，近一年来抖音平台上国家级非遗项目覆盖率累计达99.74%，相关视频播放量达3726亿，获赞94亿。在"非遗合伙人""看见手艺"等计划的助力下，2021年全年非遗项目直播场次同比增长642%，非遗创作者平均每天直播1617场。平台上老字号品牌销量同比增长617%，获得收入的非遗传承人数量同比增长34%。从非遗内容创作者年龄来看，26%的用户为90后，35%的用户为80后[1]。毋庸置疑，融媒体发展已是大势所趋。

非遗文化可以通过图书、戏剧、音乐、展演等多个载体进行传播，因此非遗类图书可以在"走出去"过程中借助戏剧、音乐等其他形式，借助图书展览、文化交流活动、图片展览等各类方式互相成就。可以通过现代科技手段，强化文化创意与生产制作技术、展陈传播技术和消费终端技术等协同能力，不断利用新媒体、多媒体等手段丰富非遗图书的内容表达形式。在传播方式上，既可以通过

---

[1] 许旸. 跳出"口传心授"，数字赋能非遗"活"下去、"潮"起来[N]. 文汇报，2023-05-10.

短视频、VR、AR、5G、元宇宙等诸多科技手段对图书里的非遗文化进行广泛传播，还可以利用声光组合的装置艺术、影像作品等提高非遗图书的吸引力。比如，可以在图书中增加二维码设置，通过扫描，搭配影像、讲解等形式，动静结合、视听融合、交互沉浸式的非遗空间呈现，让大众以全新视角认识非遗文化。

第四章

非遗类图书出版工作探微

图书作为非遗海外传播的重要载体，在国际交流空间中承担着传递具有丰富底蕴的"中国故事"的文化功能。它以能够深刻全面传播信息、获取知识方式简便并易于保存等独特优势，在全球化语境中，有力而切实提升着中华民族非遗成果的影响力。举凡实现这一作用的非遗类图书，都是认真按照精品佳作的标准严格打造出来的。本章遵从这一标准，以非遗类图书创作者、出版业同仁为主要读者对象，以北京出版集团具有代表性的非遗产品经典案例及其鲜明的时代创新性和实操性为依据，阐明了选题怎样规划才出色、作者怎样培育才优秀、审校怎样把关才严谨、设计怎样创新才夺目、营销怎样谋策才精准5个方面内容。对于各部分所涉及的基本概念含义和所持论点，力求做到表述准确和论证有力；对于通过"探微"总结出来的经验，力求能够科学生动地反映图书生产的一般规律，以期对非遗图书和其他各类图书的创作、生产与营销工作，具有启发、借鉴和指导意义。

一、选题及选题规划，是做好出版工作的根本

选题，是指为实施出版项目，图书编辑经多方论证后所确定的作品主题。选题策划，包括单册书和丛套书的选题策划，是指出版方根据一定的主客观条件开发出版资源、设计选题的创造性活动。选题规划，是指出版机构制订的一个时期内的出版计划，代表一个出版机构的出版方向、出版图书范围等。

选题如同庄稼种子、建筑蓝图，是图书生存的基础，决定着作

品的成败——一册书或一套书的选题策划案是否出色，决定着具体作品出版后能不能获得"双效"成果，即社会效益和经济效益成果；一家出版单位的选题规划是否出色，决定着这家出版单位在几年内的出版方向能不能确保无误，以实现预期的经营目标。因此，无论是微观的选题策划，还是宏观的选题规划，对出版机构的生产大局，都起着至关重要的提纲挈领的作用，所以必须在正确的出版理念和缜密的经营思路指导下，按以下4项原则去认真规划、策划选题：

一是与时代同步的原则。这是指选题内容要反映时代新风貌、社会新气象。二是服务读者的原则。这是指要根据读者的需要提供精品佳作。三是特色原则。这是指选题要注意体现其所属出版社的整体特色，如出版范围、专业优势、地域个性等。四是成本效益原则。这是指选题成书后要实现合理的投入产出比。总之，选题规划是近期、中期乃至远期的出版计划，可根据实际需要进行动态管理、适时调整。选题策划是一种高智能的创造性劳动，以选题规划为遵循，是选题规划顺利实施的重要因素。成功的选题策划不仅能抓住现实的市场需求，及时推出产品，更重要的是能把潜在的市场需求变成现实的市场需求，先于他人推出独特崭新的产品，从而获取显著"双效"。

（一）梳理信息，打牢基础

选题的信息梳理即从收集和分析综合信息入手，在循环往复、适时更新地占有资料的过程中，提炼出正确指引选题策划方向的基本方针和主要方法。选题的调研过程是占有、分析大量信息的过程，是策划出优秀选题的关键。

2008年，为响应国家弘扬、推广中华优秀传统文化的号召，北京出版集团（以下简称"集团"）领导拟订了出版一套普及中华优秀传统文化丛书的计划。集团下属的北京教育出版社（以下简称"北教社"）就此展开了两年的深入调研，由此认识到：随着中国经济迅速发展、国际地位稳步提升，全世界的目光也越来越聚焦在中国，尤其是奥运会、世博会等国际活动，为中国向世界充分展示自己提供了良好机遇。世界在关注中国成为经济强国的同时，也越来越关注中华文化。国际图书市场上，对全面反映介绍中国传统文化的图书有很大需求，但已有的一些向西方人介绍中国传统文化的作品存在着内容有失全面、叙述不太通俗等问题，而且一些英文版的读物仅仅是中文版的直译，从内容到形式都不适合外国人阅读。在认真梳理、反复论证的基础上，北教社策划了"中华文明探微"丛书的选题方案，确定用18卷图书介绍勾股定理、经络学说、印刷术、指南针、万里长城、京杭大运河、青铜器、丝绸等几十种最具代表性的科学、技术、工程、产业等多方面的文明成果。

该丛书的中文版与外文版均做到了内容全面、深入浅出、叙述生动，因此该项目荣获了国家出版基金的支持，售出中文繁体、英文及德文等版本，成功实践了中华文化"走出去"战略。它之所以"双效"突出，主要原因之一，是它在启动前就把"梳理信息，打牢基础"的工作做实做透了。

"中华文明探微"丛书

（二）拟订方案，务求周密

选题策划案需要有理有据地详细说明选题的形成背景、重要价值、读者对象、作者简况、基本内容、框架结构、图文篇幅、成本预算、实施计划、"双效"评估等。一个优秀的非遗类图书选题的产生是与这个时代的政治、经济、文化、社会紧密结合的，是和国家战略密不可分的。出版人必须对社会现实有深刻的思考，才能做出经得起实践检验的周密的选题策划案。

2011年，全国人大常委会制定了《中华人民共和国非物质文化遗产法》，出台了一系列非遗保护和传承的政策。集团领导长期关注非遗文化，以高度的职业敏感，立即研究相关文件精神，集中精

力思考如何策划相关选题。2012年，当北京市委宣传部提出打造非遗丛书任务时，集团已处于厚积薄发的状态，马上组织开展专题调研，很快推出"非物质文化遗产丛书"的选题策划案，并将其列入集团重大选题规划。

"非物质文化遗产丛书"

该丛书选题策划案制定得十分周密：在出版价值上，它收录的是入选国家级、北京市级非物质文化遗产代表性项目名录的项目，可以说是对有代表性的非遗成果研究的科学总结；在读者对象上，它分中英文两种版本，供海内外热爱中华传统文化的中外友人阅读；在基本内容上，它主要评介各项非遗技艺的起源及其在各历史时期的表现形式、艺术特点、传承谱系及其优秀代表作品的现状和未来；在图文篇幅上，它每册约100千字，其中序约3000~4000字，后记约1000字，插图约120幅。

该丛书的实施计划是：第一步，召开选题讨论会，启动编委会工作，确定每册书的作者；第二步，召开作者编写会，提出对书稿的撰写要求；第三步，作者提交书稿的详细提纲和样章；第四步，作者向出版社交出书稿；第五步，出版社对书稿进行三审三校；第六步，作者签字确认书稿可以付印；第七步，出版社印刷装订出书。周密的选题策划案,确保了该丛书的顺利出版。

(三)严格论证,具体可行

选题必须经过严格论证,论证可以采用多种形式,如请作者和社外专家以及社内相关的文编、美编与印制、营销、财务等部门的人员,从解决实操中的疑难点出发,讨论选题策划案中的每个环节,纠偏除弊,使其完善。以"中华文明探微"丛书为例,这套书最初拟以"中国文化之旅"为名,但在选题论证过程中,专家提出初拟的丛书名太笼统,较难体现"以小见大"和"深入浅出"的特点,后经反复讨论研究,丛书正式定名"中华文明探微"。"探微"更好地体现了该丛书的出发点和落脚点——以小见大、微言大义。

该丛书中的《中国绘画》在成书之前,邀请相关专家开展了3天的选题论证会,形成了清晰明了的写作思路、框架结构和整体设计。在框架结构方面,专家们要求要通过具体事物来评介中国绘画,着重讲述中国画寄托了中国人怎样的人文精神,传

《中国绘画》

达了哪些思想内涵，体现了怎样的审美情趣。也就是说，文字内容应侧重于义理的阐发，而非实证研究。在形式设计方面，该书采用16开平装本，共计约4万字，以图文并茂的形式，直观、具体、形象地反映了中国绘画的全貌及发展轨迹，增强了读者阅读的兴趣。在写作思路方面，出版社明确了4点要求：一是以热爱中国绘画的普通大众为读者对象，内容要简明通俗，不涉及有争议的学术观点；二是本书提供给读者的主要是中国绘画概要，目的为进一步提高大家对中国画的兴趣；三是本书着重讲述中国画与中国文化的关系，尽量不涉及画家的笔墨技法；四是以散点的结构对中国绘画进行梳理，每一个点都是一篇相对完整但又与书中其他文章相关联的作品。全书文章集中之后，又能全面反映中国绘画的基本面貌。

二、优质作者队伍，是打造精品的前提

出版业是一个建设和传播先进文化、满足人民群众精神需求的社会行业。作者是将自己的智慧转化为精神成果的主体和一线劳动者。作者若不提供作品，出版社便无项可立、无稿可编、无书可出，任何美好的出版计划都会落空。所以说，在一定程度上，作者是出版业正常运转的源头与获得社会效益和经济效益的"衣食父母"。

对作者可从多种角度分类：按作品内容的学科划分，有属于自然科学的理工读物、医学读物的作者等；也有属于社会科学的哲学读物、经济学读物的作者等。按作品的类型划分，有学术专著的作者、科普读物的作者等。按书稿来源划分，有出版社物色的作者和

自己上门投稿的作者等。了解作者分类，便于出版社建设学科门类齐全、学术造诣深厚的作者队伍。

作者的劳动成果，既为图书编辑提供了工作对象，又需通过编辑的挖掘、推荐、审校、宣传等才得以成为合格产品而面世和传播，所以编辑和作者是彼此依存、相互支持、携手奋斗的友好关系。

（一）精挑细选，找对作者

作者可以是单人或几个人，也可以是一个团队。团队作者一般由主编或主编、副主编统一组织书稿撰写，并对作品的整体质量总负责。以"非物质文化遗产丛书"中的部分作品为例：《北京扎燕风筝》作者为高级记者、专业作家杨建业；《景泰蓝》一书由工艺美术大师李苍彦、李新民两人共同创作完成；《凤凰岭传说》的作者则是北京凤凰岭自然风景公园组织的一个编写团队。

《北京扎燕风筝》　　　《景泰蓝》　　　《凤凰岭传说》

1. 找对作者

找对作者是圆满实施选题方案的充分必要条件。无论是哪类作者，要达到"找对"的目的，至少要考虑两条主要标准：第一条标准是，作者对所撰书稿的内容质量要高度负责，既应有将其写成佳作的能力水平，也要有一丝不苟的认真精神。

北京出版社在策划"大国工匠"丛书之初就明确：只有以联合国教科文组织颁布的《人类非物质文化遗产代表作名录》为主要参考，来撰写我国的传统技艺及其传承人故事，才能保证将该丛书创作成精品。因此，必须找到真正熟悉该名录所列的非物质文化遗产，又能以此为据、用出色的文笔写出书稿的作者。但是一开始出版社费尽心思，却没找到合适人选。于是有编辑建议："不妨降低标准，从'矬子里拔将军'，先写起来再说吧！"对此，终审编辑的意见是："作者不达标，后患将无穷。"编辑几经周折发现了雷虎、阮传菊夫妇。雷虎曾经是一家财经杂志社编辑，阮传菊是一名设计师。他们具有深厚的文化情怀，从2010年一直到2019年，他们不畏艰辛走进大山深处、手工作坊等地寻访手艺人。雷虎负责撰写文字，阮传菊负责摄影，他们所写的寻访故事感人至深，曾登在杂志、个人微信公众号

"大国工匠"丛书

上。多篇文章在互联网平台成为现象级爆款作品，引起热烈反响。出版社与雷虎夫妇联系并交流了选题构想，双方一拍即合，使本丛书得以顺利实施。

作为清华大学国家遗产中心主任，吕舟一直活跃在文化遗产保护领域，主持、参与了多项中国申报世界遗产的工作。他被邀请成为由北京出版社出版的《天地中和——北京中轴线文化遗产》一书的主编后，对书稿内容高度负责。他反复研究原有的写作方案，对图书的编排顺序提出了不同看法，一改大多数作者从南往北写北京中轴线的顺序，而是以申遗文本为基础，从北往南写，突出了这本书的专业性。

《天地中和——北京中轴线文化遗产》

找对作者的第二条标准是：作者善于和出版社相互理解，顾全大局，求同存异，密切配合。例如，"非物质文化遗产丛书"中的《临清潭腿》，是一本介绍临清潭腿历史与发展、基本功和基础拳的专业武术图书。书的作者就是临清潭腿第九十七代"梅"字辈主要传承人。在成书过程中，编辑发现书稿中的很多武术专业术语对大众而言较生僻，于是与作者协商，为这些专业术语补写必要的通俗说明文字。作者起初担心这样会影响内容的准确性，后经责任编辑反复沟通，详细说明本书的读者对象中包括对武术一窍不通但想了解它的人，专业术语过多，会让这批读者产生阅

"非物质文化遗产丛书"中的
《临清潭腿》

读障碍,而一旦帮他们解决了这些障碍后,会让更多的人感受到中华武术的魅力,同时也会对本书实现"双效"起到积极的推动作用。经过交流,本书作者理解了编辑的良苦用心,从大局出发,密切配合出版社,认真完成了"术语通俗化"的补写工作。

另外,在本丛书编写过程中,为配合重要营销活动,出版社曾建议一些单本书作者提前交来书稿。作者了解其原因后,都能克服自身的困难,千方百计高质量地提前完成创作,有力支持了出版社的工作。

2.精选作者

精选作者包括主动物色人选、接受别人推荐的人选和自己上门的投稿者。这启示图书编辑,要带着多管齐下、广开门路的强烈意识去遍寻人才,才会有效提高找到优秀作者的成功率,而无论备选人员来自哪种渠道,我们都需按照"能力强,会合作"的统一标准,认真考察,才能找对作者。

2009年,在北京市委宣传部的倡导下,北京市文联和北京市非物质文化遗产保护中心积极助推的"非物质文化遗产丛书"正式启动。截至2023年8月，该丛书已出版了近百种。该丛书庞大的作者队伍就是通过3个渠道建设起来的：一是由北京市委宣传部、北京市文联推荐产生的；二是出版社物色的对非遗项目熟悉和热爱的作者；三是自己上门投稿的作者，他们大多是非遗项目传承人，积累了不少宝贵素材。

"中华文明探微"丛书的作者队伍是出版社物色的，主要来源有3个方面：一是从内地及港澳台选择了一批有深厚国学底蕴的专家撰写中文版，保证丛书的学术权威性；二是选择了一批已进入中国学习或工作，了解并热爱中国传统文化、母语为英语的外国学者，以中文版的内容为基础，用符合西方人阅读习惯的语言进行汉译英的创作性翻译工作；三是请国家外文局的专家对英文版的译文质量审读把关。有专家评论，这套书的中英文两种版本之所以能够准确、生动地再现中华文化之美，关键是选对了作者。

（二）充分沟通，深交作者

1.编辑要靠本身实力取得作者信任

找准作者仅仅是建立优秀作者队伍的良好开始。图书编辑还要在与作者的业务往来中充分沟通，建立起有助于今后密切合作的朋友般的关系。达此目的的有效方法，首先需要编辑通过展示自己较高的专业素养取得作者的信任——作者往往通过这一点形成对出版社的信任。

编辑展示专业素养的内容至少包括4个方面：熟悉作者所处行

业的发展历程、最新发展成果、学术前沿动态；准确了解作者的简历、研究与著述能力、前期成果及其在所属业界的重要位置和影响力等；充分把握出版社对作者所约项目的主要内容、文化价值、创作难点、作者需求、同类书比较情况等；熟悉图书编辑业务的基本知识并且有较强的文字概括、表达能力和较高的纠偏改错水平，懂得图书排、印、装和营销的常识，能够解答作者提出的图书生产全流程中的一般问题。

"非物质文化遗产丛书"内容深、知识广、专业性强、涉及文理科知识。负责这一项目的编辑们只有具备能够驾驭该丛书基本内容的知识结构及编辑业务能力，才能在向作者提出著述要求、改稿意见等深度合作的过程中获得作者的尊重与信任，使其心悦诚服。因此，出版社在编辑配备上也提出了明确的要求，参与该项目人员必须具有人文类大型图书的编辑出版经验，让编辑团队更专业。该丛书提高编辑团队素养的做法还具有创新性：出版社紧扣这个项目内容审读加工的需要，直接招收学习非遗专业的博士生以补充编辑队伍。几年来的实践证明，这步棋可谓一举两得：既促进了项目进展，又培养了业务骨干。

2.编辑和作者明确如何分工合作及解决问题

编辑和作者双方明确分工，是长期维护双方良好合作关系的重要措施。因为不少作者不太了解自己和出版方应如何既分工又合作，才能把书出好；即便有过出书经历的作者，因各种书稿类型规模、制作要求相异，不同出版单位的运作机制有别，所以彼时的经验在此时未必全都适用。据此，图书编辑在与作者商定出书意向后，应及时将若干事项充分与作者交流沟通。

例如，图书出版的全过程分哪几个阶段，每个阶段包含哪些具体步骤；在每个步骤中，作者和编辑应按什么质量标准与时间要求完成各自分内工作，同时怎样相互帮助；当遇到会导致不良后果的问题时，该如何解决；等等。分析作者与编辑产生矛盾的原因，发现与双方未能就有关问题提前充分沟通大有关系，所以及早做好这项工作，就能为包括签订出版合同在内的出书全过程的顺畅推进，打好基础。

"中华文明探微"丛书从2011年6月正式启动，启动后立即召开作者见面会，制定丛书的撰写要求、内容结构、文风特点、图文篇幅、开本印张、出版进度等情况，形成了一套完整的出版方案。其中，还具体讲明了出版方和作者各自的权利与义务，以及处理相关问题的方式方法。在出版方案的指导下，书稿定位明确，为该项目后续每个工作环节的顺利运行铺好了通道。

3.签订合同，工作才有保障

签订合同是当代社会进行包括出版业在内的各种经济活动的基本法律形式，否则社会经济秩序难以维持。出版合同的作用主要有3个：一是保护著作权人和出版方的合法权益；二是督促双方积极配合，按规定全面履行各自的义务；三是为日后双方解决争议提供有效法律文件，防范可能存在的风险。可以说，编辑和作者就出书事宜的口头商定无论多么郑重、具体、全面，也必须将其写入合同中确保法律效力。在其保障下，编辑会获得依据，及时拿到书稿并协调处理好接下来的编、印、发等一系列工作。因此，只要条件成熟，编辑应在第一时间与作者签订合同，否则，有可能出现"合同未签，稿件另投"等的结果。

"非物质文化遗产丛书"在确定出版项目后，编委会召开工作会议，研究作者的人选，本着优中选优的原则，确定了作者，并及时与作者、传承人、口述人等签订出版合同，在合同中与作者约定交稿时间与出版时间。当作者在创作过程中出现推迟交稿的倾向时，编辑一方面帮助作者解决难题，另一方面以遵守合同为根据，与作者沟通协调，推进创作进度，确保按时拿到作者的稿件，以保证图书按时出版。因为严格执行了以上流程，所以本丛书从2012年启动至今已逾10年，按计划顺利出版了近百种图书，蔚为大观。

（三）密切配合，服务作者

图书编辑选准作者后，应尽己所能为他们提供由出版方承担的服务，做到充分发挥自身业务优势，全力满足作者实际需求。这是因为，与绝大多数以研究或宣传某方面知识体系为己任的作者不同，图书编辑是以传播作者创作的文化成果为职业的。编辑经过职业培训，应具备长期深入了解相关读者群阅读心理的职业追求，不断捕捉出版物创新增长点的职业敏感，保持秉承工匠精神一丝不苟打造精品佳作的职业作风。凭此优势，图书编辑应义不容辞地帮助作者克服不太清楚"如何写书"的局限，发掘其创作潜能，商议其选题方向，助升其作品价值，斟酌其书稿结构，推敲其章节标题，润色其语言文字，如此等等，编辑理应成为作者所倚重的创作助手。

在挖掘作者创作潜能方面，北京少年儿童出版社出版的"发现中国印记丛书"中《伏羲九针神农药》一书寻找作者的故事，就是生动一例。这是一本向青少年推介中医药文化的图书，选题立项后一时作者难寻。在走投无路时，编辑找到与自己相识已久的一位在国外工作的医生。因为他热衷于与网友分享医学小故事，慢慢地积累了一批忠实的粉丝，所以编辑相信他有能力写好这本书。该医生刚听到写书一事时，担心自己能力有限而犹豫不决，经编辑分析了他的种种优势与图书的写作思路后，他欣然接受，最终出色地完成了这本书的创作。

"发现中国印记丛书"中的《伏羲九针神农药》

在斟酌书稿结构、推敲章节标题方面，可以"大国工匠"丛书为例。当书稿编写到一定阶段后，作者发现原来的谋篇布局与手中已有的资料不太吻合，导致创作中断。在了解到这一情况后，编辑马上前往作者家中，协助其完成梳理思路、补充采访、整理资料等各项工作，帮他走出困境，重新调整了书稿的章节目，数月后作者终于高质量地完成创作。后来在设计该书封面时，磨合了多个样稿，仍未成功。编辑又特别邀请到获得"世界最美的书"奖的设计师，对"大国工匠"丛书进行总体包装设计，实现了形式与内容的完美结合，获得大家的一致称赞。

三、审校制度，是确保书稿质量的关键

审稿是编辑工作的中心环节，是对书稿进行审读、评价、选择并通过编辑加工整理使决定采用的稿件达到出版水平的编辑活动。三审是我国出版单位依靠分级负责与集体智慧来保证出版物质量的一项基本工作制度。三审依照初审—复审—终审的次序循序递进；前一审级对后一审级负责并以本审级的意见为后一审级的审稿提供基础，后一审级对前一审级制约并以本审级的意见对前一审级的审稿结果做出评判与补充。初审、复审、终审的编辑都要按照出版要求及其有关规定，从政治性、思想性、科学性、知识性、独创性等内容质量方面，以及结构框架、体例设计、表述方式等形式质量方面，做出客观科学的评价。在此基础上，对是否出版书稿做出选择。

校对是书稿付印前保证其内容质量的最后一道工序。一字之差可能歪曲原意甚至可能造成重大错误，所以校对是最重要的出版环节之一。校对功能的大小先后取决于消灭排版错误和发现原稿错误各是多少。前后两者被分别称为"校异同"与"校是非"。一般书

稿经过3次校对后，由责任编辑在解决所有问题的基础上签字付印。如付印前还需改动，仍必须核红一次。

校对和编辑的关系可概括为：同源、分流、合作和同归。总的来说，校对与编辑的工作重点虽有不同，但前者包含于后者之中。校对是编辑加工的延续，初审、复审、终审工作中的遗漏，依靠一校、二校、三校工作去纠正。

（一）审稿遵规，严格落实

集团为严格明确初审、复审、终审各环节工作人员的职责，按照《图书质量保障体系》等上级主管单位发布的相关制度，先后制定了《关于图书编辑工作流程的管理规定》《关于书稿复审和终审的规定》《编辑加工质量要求》《关于发稿"齐、清、定"的规定》等一系列配套制度，要求各生产单位的各审次人员严格执行。

在出版"非物质文化遗产丛书"和"中华文明探微"丛书的过程中，各编辑部严格按照集团制定的制度，要求各审次编辑认真履行以下职责：初审编辑要做到"滴水不漏"，即确保书稿内容观点正确、材料翔实、体例规范、图文吻合、文字流畅，同时审查内封、图表、参考文献、索引、附录等。复审编辑要做到"全线验收"，其审读任务和初审基本一致，同时要重点解决初审提出的问题，对书稿和初审的工作质量进行评价。终审编辑要做到"稳妥拍板"，采用抽查审读的办法，重点对书稿的政治思想内容、科学性和体例结构等进行把关，解决初审、复审提出的问题。初审、复审、终审的编辑都要认真写出审读报告，全面如实记录自己的审读工作。

集团专设质量管理办公室，制定了《图书质量管理规定》，按一定比例对图书质量进行抽查。此外，集团还制定了《出版物阅评管理办法》，建立了集团出版物阅评专家库，定期对重点图书进行内容导向和编校质量的进一步审读把关。集团每个月都会推出一期《质检月报》，通报上个月出版新书的差错等情况。这些都是对"三审三校"工作的延续、强化和检验。

（二）宏观揽总，微观细斟

1. 宏观揽总

在审读书稿过程中，要先通览全稿，对其政治思想性、科学知识性、继承创新性及框架结构、行文格式、表述形式做出整体评价。审稿首先要对文稿的政治思想性、主题立意进行判断，其次对书稿整体脉络的清晰度进行梳理，然后对章节的铺排、逻辑及论证进行整体把关。

以"北京非遗传承丛书"中《传统技艺》的终审过程为例：初审编辑首先对书稿进行了总体把关——责编在审读报告中指出，该书稿不存在违反意识形态及内容导向的观点与材料，其具有很高的文化价值，重点讲述了被列为非遗的北京传统技艺。复审编辑在审读报告中进一步对选题的创新性进行评价，认为了解这些文化遗产的起源、发展、特点及现状等，对读者感受中华民族的无限创造和无穷智慧，了解古都文化很有帮助。终审编辑在审读报告中也从选题价值方面进行了分析，认为该书稿让文化遗产"活"了起来，对保护和传承非遗文化有积极作用。

2.微观细斟

在审读书稿过程中，要认真加工书稿，消除内容谬误，订正篇章布局、章节标题及文字标点等方面的错漏，重点对内容表述、文字规范、标题及标点进行审核，对辅文附录及图文对应也要精心打磨。

"北京非遗传承丛书"中的《传统技艺》

北京十月文艺出版社出版的《北上》，是一部以书写大运河历史变迁为背景的文学作品。作者徐则臣不仅是著名作家，同时也是《人民文学》的副主编。《北上》定稿交来时已较为成熟，而且经过了这位"作家型编辑"严谨的编辑处理。然而，该稿初审、复审、终审工作并未因此而懈怠，集团领导亲自审稿，同时外请专家进行把关。北京物资学院教授、运河专家陈喜波在审核作品中的运河路线及沿线地名时，发现书中提到北上一行"运河到了徐州府一带"。他提出，明后期开泇口运河，运河不再经行徐州。康熙时开皂河，新中河运河从清口一直到微山湖，不再利用黄河漕运，建议作者将路线改为"清口—宿迁—窑湾—梁王城—台儿庄"。这样的精雕细琢在文稿中不止一处，最终为《北上》成为获得国家大奖的精品做出了不可替代的贡献。当然，本书终审编辑之所以能够征求到并听取运河专家的意见，与他在该项目成书4年间多次陪同作者实地走访运河、拜访专家学者、翻检史料典籍所付出的心血是密切相关的。

（三）编校相依，同源同归

为贯彻落实好三校制度，集团始终坚持审校分开，制定了一系列配套管理办法，如《校对职责管理办法》《稿件校对工作流程》《校对质量管理细则》《责任校对制管理规定》等。在实际工作中，校对人员分工明确，各司其职。校对保持着优良的传统工作方法，将各校次纸质校样全程留痕，建立档案制度，坚持一稿一卡一表，保证各项信息完整、准确。各校次完成后由质量主管部门负责统计留错率与纠错率。每部书稿以"图书质量记录表"作为质量档案。校对中心退校样时，在扉页加盖校次章；责编取校样时，在登记本上签字确认。

"北京非遗传承丛书"中《传统技艺》一书经过3个校次，校对中心共发现、修改了30.2个差错。其中，一校发现、修改了12个差错，修改内容如"流传至今"应改为"留传至今"，"马连肉"应改为"马莲肉"，"茶胚"应改为"茶坯"等；二校发现、修改了14.2个差错，修改内容如"哈国良"应改为"哈国梁"，"异形"应改为"异型"，"刘定芝装池"应改为"刘定之装池"等；三校发现、修改了4个差错。另外，校对环节还发现了原稿中的内容性错误，现举3例：一是《松漠纪闻》原稿中有关"全羊席"的记载。经核查史料原文，并无"席"字。二是"从此，东来顺一发不可收拾"，这句话含贬义，应改为"一发不可收"。三是"《食珍录》《齐民要术》中已有'炙鸭'的记载"这句话不准确，因为《食珍录》中并无"炙鸭"两字，故删掉了《食珍录》。

集团除一丝不苟地执行"三审三校"制度外，还通过对重点图书适当增加校次、严格印前和印后质检、实施闭环管理制度、执行责任校对制等举措，力求做到编校质量合格率达标。如北京出版社出版的《天地中和——北京中轴线文化遗产》，就先后安排了5个校次，确保高质量完成该重点项目。

四、整体设计，是提升图书可读性的方式

书籍整体设计是图书出版过程中的一个重要环节，分为外部装帧设计和内文版式设计。前者包括诸如开本、装订样式等形态设计，诸如封面、环衬、扉页、插页等美术设计；后者包括版心尺寸、文字规格、图片与表格编排等版式设计。优秀的书籍整体设计，需要设计者与编辑、作者默契配合，在深刻领会作品思想、时代精神、民族特点、艺术风格的基础上，围绕读者情趣，将文字、图形、色彩、材料四大元素，匠心独运地有机融合，再通过精良的印制工艺创造出光彩夺目的艺术效果，吸引着读者对图书作品产生兴趣。

（一）设计创新，遵循"四要"

为达到整体设计的总体要求，需坚持以下"四要"原则：

1. 形式要与内容统一

内容是事物全部内在要素的总和，形式是这些内在要素的结构与组织方式。内容决定形式，形式服从内容并随着内容的变化而变化，且对内容有反作用。书籍的整体设计既不能置内容于不顾，单纯为设计而设计，也不能用得过且过的态度简单图解内容，而应下功夫用生动的艺术形式去画龙点睛般地反映作品的主题思想。

纸材作为装帧设计的基础，是书籍表达精神内涵的重要方式，通过触感与读者进行沟通。一本书的气质在用纸上也可以突出它独一无二的个性。

北京十月文艺出版社出版的《纸上》，以散文的形式记录了中国南方如造纸、采茶、桑蚕等珍贵的非遗文化，文字古色古香，所以封面设计方案选择了比较雅致的色调。但在用纸方面，如何做到与本书主题和封面色调也能高度吻合，颇费了一番心思。经反复考虑，封面特别用了有纹理感

《纸上》

的云宣纸，纸的颜色是类似元书纸的淡黄色。印刷时专门采用了横纹印刷，让护封上的纹理为横向，腰封用的则是竖向的指纹纸。如此一来，护封和腰封两种纸就有了不同的触感。出版后一些读者反映，这本书的外表已成为内容不可分割的一部分，让人不由自主边看书，边在手中摩挲。

2.共性要与个性协调

共性指不同事物的普遍性质，个性指一事物区别于其他事物的特殊性质。共性高于个性，决定事物的本质。个性受共性制约，揭示事物间的差异性。在书籍整体设计中，共性与个性的协调，是指各项具体设计需服从和服务于整体设计方案，封面、封底、书脊、扉页等的设计风格要与图书主题相符；同时，还要展示各项具体设计要素的自身特点，使其通过多样化的表现形式丰富整体之美。

北京美术摄影出版社在出版《北京非物质文化遗产图典》的过程中，同意该书作者所邀请的设计者为其进行整体设计。但设计稿交到出版社后，编辑发现其中存在着很多共性与个性相冲突之处及不合规的地方，如封面的图案色彩

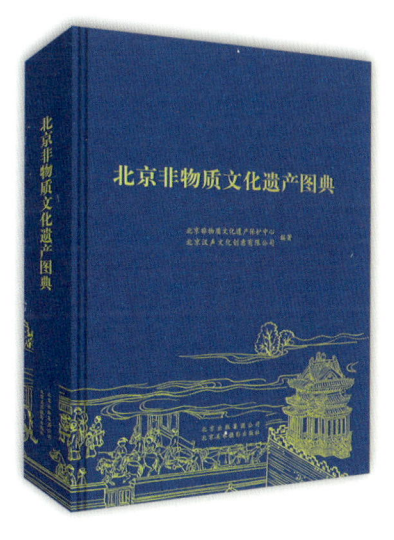

《北京非物质文化遗产图典》

与作品主题缺少关联，扉页、版权页内容不统一，起始页编码不正确，署名不一致，等等。经过编辑反复与设计者沟通，深入探讨了如何使该书装帧达到共性与个性协调的具体方案，最终保证了该书的整体设计质量。

3.艺术性要与实用性贯通

艺术性是指设计者创作设计方案反映图书基本内容与文化价值所体现的美好程度，能够反映时代特色的艺术风格会使整体设计具有独特的审美价值。实用性是指设计者创作的设计方案对图书的阅读能够产生的积极效果，即有利于承载书稿内容、读者阅读和促进销售。只有做到艺术性和实用性有机结合，整体设计才能相得益彰。清代藏书家孙庆增在《藏书纪要》中这样论述书籍装帧艺术："装订书籍，不在华美饰观，而应护帙有道，款式古雅，厚薄得宜，精致端正，方为第一。"这就告诉我们：装帧设计不是哗众取宠，要和内容紧密结合，不要一味追求豪华精装，不能为了设计而设计。

《天地中和——北京中轴线文化遗产》定位为礼品书后，在设计上不仅体现出较高的艺术性，更是充分考虑了它的实用性。比如，书中有很多跨页的图片需要完整地展示出来，所以一开始计划做成裸脊，让这本书可以平摊展示。但后来在打样的时候就发现裸脊在外观上有欠庄重，作为礼品分量不足，所以最后为了完整呈现跨页图，改成精装，使设计思路完全服务于实用需求，既充分展示了图书内容，又恰当地体现了礼品书的功用性。

4.继承要与创新结合

继承是指把前人的文化、知识、作风等接受下来，进行下去；创新是指以现有的思维模式提出有别于常规的见解，去创造新事物并获得收益的行为。继承是创新的基础，创新是继承的目的；没有继承的创新是虚无，离开创新的继承是复古。在书籍整体设计中，必须重视继承历史的宝贵遗产和丰富经验，以拥有这些财富为基础，再去瞄准新目标，不断推动变革，才能找准两者结合的平衡点而大有作为。

《天地中和——北京中轴线文化遗产》这本书的版式设计就是对传统风格的突破。为了保证中轴线介绍的完整性和读者最佳阅读效果，本书采用了类似杂志的设计风格：既有跨页大图的设计方式，也有文字直接嵌在图片上面的独特设计方式。刚开始时，编辑和校对人员对这种版式设计，包括页码的位置等提出了疑问。但是反复考量对比后，认为这样的创新之举使图文结合得格外紧密，更显大气，也带来了新鲜的阅读体验。

（二）印装精致，落实"六条"

印装质量包括印刷质量和装订质量。印装质量的好坏，将直接影响选题策划、书稿撰写、编辑加工、装帧设计等多项前期工作意图的实现。图书出版过程中，既要认真做好图书的印前制作，也要对印刷企业所承印的图书进行严格的跟踪、监督和管理。集团专门制定的《北京出版集团图书质量管理办法》，明确了印装标准，规定了出版过程中印装质量自查和抽查的有效措施。

其中，印刷达标的要求有3条：文字完整清楚，位置准确；表格线条清楚，不模糊；色调基本一致。装订达标的要求也有3条：封面与书心粘贴牢固；外观整洁平顺，无压痕；书脊文字平直。以上6条中的任何一条不合格，都会或大或小、或轻或重地影响读者阅读，而且还会严重影响出版社的声誉。若要杜绝印装不达标的错误发生，需要出版社的责任印制人员和图书编辑一样，发扬精益求精的工匠精神，将这6条要求逐一落细、落小、落实才行。

北京美术摄影出版社出版的《蓝雅白韵：中国蓝印花布纹样研究》严格落实印刷3条要求。该书中有大量蓝印花布彩图，为达到"色调基本一致"的标准，印前编辑团队专门对多家印厂调研，经比较，最终选定了合适的印厂。印刷中，该书专门采用艺术纸和环保油墨印刷，使得图片清晰度和色彩饱和度都有了保障。在印刷工艺上，本书采用了过油等特殊工艺，使得本书能更好地呈现自身的气质。在装订方面，本书采用了裸背装的装订方式，经过手工两次刷胶，保证了全书不会脱胶，确保装订质量达标。

《蓝雅白韵：中国蓝印花布纹样研究》

五、营销推广，是获取"两个效益"的保障

营销推广是帮助作品传播出去的重要步骤，是连接图书生产和销售的纽带，也是出版社获取"两个效益"的保障，其贯穿于编辑出版全过程。

出版社不仅是图书的生产者，还是图书的宣传推广者。出版社可以利用一定的媒介发布有关出版物的信息，起到广而告之、引导消费、促进销售等作用。从媒介形式看，图书营销推广的媒介途径通常包括传统媒体、新媒体及特定渠道3种。传统媒体主要包括电视、广播、报纸、期刊等，新媒体主要包括微博、微信、直播等，特定渠道主要包括大型书展、出版方自有渠道等。而图书营销推广形式主要有出版新闻报道、书评书摘推介、新书发布会、作品研讨会、作者签名售书、推介书目等。

非遗类图书不仅是非遗传承的重要载体，也是大众了解中国传统文化的重要途径。在非遗类图书的营销宣传中，要始终重视文化价值的传达，将社会效益放在首位。在市场经济条件下，非遗类图书也需经过市场经营去生产和传播，其社会效益也会通过经济效益的实现而得以实现。故此，非遗类图书营销推广要牢牢把握坚持以社会效益为先，努力实现"两个效益"的原则。

（一）舆论导向，必保正确

图书作为精神产品，其营销宣传不同于一般商品，既有商业属

性，更有社会公益属性。因此，在非遗类图书营销推广过程中，要充分挖掘其在倡导社会主义核心价值观方面所起的作用，营造良好的社会舆论氛围，为读者解读中华优秀传统文化提供最佳视角。

在我国，2005年国务院首提非物质文化遗产保护，2006年《中国非物质文化遗产代表作保护名录》颁布，2011年《中华人民共和国非物质文化遗产法》实施，2017年非物质文化遗产传承发展工程启动，非遗保护和传承工作得到了国家层面的认可，被赋予"民族文化基因"的意义——非遗是中华优秀传统文化的重要组成部分，是中华文明绵延传承的生动见证。保护好、传承好、利用好非遗，对于延续历史文脉、坚定文化自信、推动文明交流互鉴、建设社会主义文化强国具有重要意义。

做好非遗类图书宣传从根本上讲就是紧扣时代节奏，借助国内外媒体对中华优秀传统文化的关注和报道，让大众对中华优秀传统文化有更多更深的了解，推动其"走出去"。2012年集团启动了"非物质文化遗产丛书"项目，涵盖了传统手工技艺、传统美术、民间文学等多种中华优秀传统文化。在营销过程中，集团始终把社会效益放在首位，着重展示、介绍那些能体现中华文化之美的元素，通过图片、视频、讲座等多种形式让读者对非遗项目有所了解，一定程度上推动了非遗创造性转化、创新性发展，以自己的实际行动切实担负起新时代的文化使命。

2016年，集团推出《铭记家训》一书，书中对家训起源、内涵、特点进行了介绍，内容丰富，使得读者在了解"家训"这一中国优秀传统文化的同时，对当下的养育文化、家庭文化和教育文化进行反思。在营销推广方式上，北京市文联与集团以"乡贤与家训的当代价值"为主题召开研讨会，邀请专家、学者从不同角度对乡贤、家训的当代价值进行讨论，弘扬中华传统美德和传统文化正能量，进一步提升社会主义核心价值观的认知度和认同感，取得了一定效果。

《铭记家训》

（二）多种书展，彰显成效

党的二十大报告指出："深化文明交流互鉴，推动中华文化更好走向世界。"为落实党的二十大精神，北京出版集团始终致力于推动那些彰显中华文化魅力的精品图书"走出去"。

非遗蕴含着深厚的历史、文学、艺术、科学价值，是根植于祖国大地上的中华优秀传统文化的重要组成部分。为使代表中华优秀传统文化的图书被生动地呈现，实现"走出去"，书展是一个有效的渠道。图书和非遗都有传承文化的作用，因此在书展上看非遗、学非遗、领略非遗魅力，更容易让读者产生共鸣。集团曾多次在北京国际图书博览会等大型展会推介宣传非遗类图书，在现场展演非遗技艺、展示非遗实物、开展非遗体验互动，让观众近距离感受非遗的文化之美与独特魅力，对图书内容有更具象化和深刻的认识，对图书营销宣传起到了积极的作用。除此，为了积极推进非遗类图书"走出去"，扩大全球影响力，集团专门推出"中华文明探微"丛书、"非物质文化遗产丛书"等项目英文版，积极参与国外大型书展，如法兰克福书展、新西兰图书文化展、明斯克国际书展、伦敦书展等，在中国台湾、英国多地举办"品读北京"活动，利用书展向海外读者宣传展示非遗项目，展示中华优秀传统文化。其中，"非物质文化遗产丛书"取得了亮眼的"走出去"成绩，签约英文版权29种。

（三）馆配社群，重要渠道

图书馆与出版社都以图书为载体，是传播知识、传承文化的主阵地。

一直以来，馆配市场是专业图书的重点渠道。它为宣传推广非遗类图书提供了重要途径。以"非物质文化遗产丛书"为例，10余年来，该丛书的馆配渠道都是出版社重点关注、持续发力的渠道。据统计，该丛书约有超过50%的图书是通过馆配渠道实现销售的。

除了馆配渠道，重点以社群等相对小众的渠道为突破，也带动了非遗类图书的销售。社群营销，是指利用社交媒体群组，针对社群成员的兴趣爱好和情感归属进行营销信息传递和交互的一种网络营销方法。非遗类图书的特点在于，非遗项目的作者往往是非遗传

第四章
非遗类图书出版工作探微

《药香制作技艺》　　　　　《傅氏幻术》

承人，出版社充分利用好作者资源，发力社群渠道，往往能取得显著效果。如"中国传统手工技艺丛书"中的《药香制作技艺》一书，是一本相对小众的图书，在发挥了作者的社群营销优势后，成功再版了3次。"非物质文化遗产丛书"中的《傅氏幻术》也是一本较为小众的图书，刚推出时也面临受众面小的问题，经过调研，营销人员看到了作者在魔术圈的影响力，由此采取了精准营销，最终也取得了不错的销售成绩。

（四）新兴媒体，活力十足

全媒体时代，读者对非遗类图书的阅读需求也呈现出多元化、

《北刘动物标本》

多层次的态势。利用好新媒体平台，能够拉近非遗类图书与广大读者之间的距离。越来越多的非遗类图书开始探索采用短视频、直播等方式开展营销宣传。例如，"非物质文化遗产丛书"中的《北刘动物标本》，专门在抖音平台用短视频进行营销，方式轻松、有趣，又能传递很多动物知识，赢得了不少读者的关注。集团下属多家出版社还利用新媒体矩阵平台联动进行宣传。比如，北京美术摄影出版社"京版北美"新媒体矩阵，就围绕流传千百年的非遗文化、艺术作品做文章，结合热点，联动非遗传承人与各类非遗活动，收获了大批粉丝。

总之，不同营销方式所取得的营销效果不尽相同。对此，在对非遗类图书进行宣传时，需要了解不同平台的传播偏好，针对非遗类图书设计不同的营销策略。只有将它们各自的信息传播优势结合到一起，弥补不足，才能在扩大营销优势的同时，确保营销质量。

参考资料

[1] 常峻，黄景春. "非遗"保护理念在汉语国际教育中的传播与应用[J]. 浙江师范大学学报（社会科学版），2015，40（1）：51-55.

[2] 仇园园. 参与式传播视角下中国国家形象的国际传播[J]. 中国出版，2021（20）：45-49.

[3] 樊传果，孙梓萍. 人工智能赋能下的传统手工艺非物质文化遗产传播[J]. 传媒观察，2021（8）：68-73.

[4] 高昂之. 非物质文化遗产的外宣翻译与国际传播：现状与策略[J]. 浙江理工大学学报（社会科学版），2019，42（2）：136-142.

[5] 高清红. 广灵剪纸：植根民间，走向世界[J]. 文化月刊，2013（3）：59-62.

[6] 龚浩群，姚畅. 迈向批判性遗产研究：非物质文化遗产保护中的知识困惑与范式转型[J]. 文化遗产，2018（5）：70-78.

[7] 谷旭光，李辉，崔丽. 非物质文化遗产外宣翻译研究综述[J]. 河北科技大学学报（社会科学版），2021，21（3）：98-105.

[8] 郭翠潇. "一带一路"国家《非遗公约》名录项目数据统计与可视化分析[J]. 民族文学研究，2017，35（5）：161-173.

[9] 国际在线. 让传承人订单翻一番，抖音推出"非遗合伙人"计划[EB/OL]. （2019-04-18）[2023-06-05]. https://baijiahao.baidu.com/s?id=1631119019081907816&wfr=spider&for=pc.

[10] 郝时远. 文化是"一带一路"建设的重要力量[EB/OL].（2015-11-26）[2023-05-05]. https://www.yidaiyilu.gov.cn/p/8907.html.

[11] 何华湘. 非物质文化遗产的传播研究[D]. 华东师范大学，2010.

[12] 胡兴文，张健. 外宣翻译的名与实——张健教授访谈录[J]. 中国外语，2013，10（3）：100-104.

[13] 蒋多. 中国对外文化交流研究报告[C]. 张晓明. 文化蓝皮书：中国文化发展研究报告（2017—2020）[M]. 北京：社会科学文献出版社，2020：151-165.

[14] 康保成. 中国非物质文化遗产保护发展报告（2011）[M]. 北京：社会科学文献出版社，2011：206.

[15] 雷昊. 山西发布2022年十大非遗传承优秀案例[EB/OL].（2022-06-11）[2023-06-05]. https://baijiahao.baidu.com/s?id=1735336219368429435&wfr=spider&for=pc.

[16] 李红岩，杜超凡. "国潮"传播视域下的民族文化推广——基于对统万城文化的考量[J]. 社会科学家，2019（6）：137-144.

[17] 李嘉珊. 中国对外文化贸易概论[M]. 北京：高等教育出版社，2013.

[18] 李侠，李岐，王显毅. "一带一路"背景下中国与东盟国家间非遗贸易发展研究[J]. 中国经贸导刊（中），2019（12）：15-17.

[19] 梁岩. 中国文化外宣研究[M]. 北京：中国传媒大学出版社，2010：20.

[20] 林航. 中国非遗国际贸易促进体系构建研究[J]. 兰州财经大学学报，2018，34（6）：87-98.

[21] 刘颖，孔倩. 中国非遗对外传播话语体系构建研究：范畴与方法[J]. 现代传播（中国传媒大学学报），2022，44（7）：64-69+136.

[22] 刘中华，焦基鹏. "一带一路"背景下非遗IP创新案例探析[J]. 创意设计源，2018（1）：68-73.

[23] 路瑞红. 河北非遗活态传承的思路及对策研究[J]. 文化学刊，2023（4）：18-21.

[24] 齐勇锋，蒋多. 中国文化走出去战略的内涵和模式探讨[J]. 东岳论丛，2010，31（10）：165-169.

[25] 沙见龙, 李欣. 高密"非遗"传承人：异域寻"灵感"致力传统"手艺"走向国际[EB/OL].(2017-02-22) [2023-06-05]. https://www.ihchina.cn/project_details/10104/.

[26] 师仪. 非遗类纪录片国际传播创新路径研究[J]. 电视研究，2021（4）：94-96.

[27] 宋俊华. 关于非物质文化遗产数字化保护的几点思考[J]. 文化遗产，2015（2）：1-8+157.

[28] 宋增文，周建明，所萌，等. 文化生态保护实验区文化生态旅游发展研究——以热贡文化生态保护实验区为例[J]. 中国人口·资源与环境，2013，23（S1）：128-131.

[29] 孙华. "一带一路"倡议下戏剧"非遗"国际传播策略初探——以江西吉安采茶戏为例[J]. 声屏世界，2022（4）：24-26.

[30] 覃霄. 新媒体时代传统技艺类非遗的传播、传承和创新——以团扇为例[J]. 非遗传承研究，2020（4）：26-29.

[31] 王宏涛. "一带一路"战略下我国体育非物质文化遗产国际传播研

究[J]. 广州体育学院学报，2018，38（3）：36-39.

[32] 王晓俊. 河南非物质文化遗产在跨文化交际中的传播研究——以豫剧为例[J]. 新闻爱好者，2018（3）：72-75.

[33] 文化部"一带一路"文化发展行动计划（2016—2020年）[EB/OL].（2016-12-29）[2023-05-05]. http://www.gov.cn/gongbao/content/2017/content_5216447.html.

[34] 武晓慧，宋煦冬. 中国"非物质文化遗产保护项目"巡展活动亮相纽约[EB/OL].（2015-04-11）[2023-06-05]. http://world.people.com.cn/n/2015/0411/c1002-26829495.html.

[35] 习近平. 加强和改进国际传播工作 展示真实立体全面的中国[N]. 人民日报，2021-06-02.

[36] 习近平. 习近平在山东考察时强调 认真贯彻党的十八届三中全会精神汇聚起全面深化改革的强大能量[N]. 人民日报，2013-11-29.

[37] 习近平. 中央网络安全和信息化领导小组第一次会议召开 习近平发表重要讲话[N]. 人民日报，2014-02-27.

[38] 习近平. 习近平谈治国理政[M]. 北京：外文出版社，2014：106.

[39] 谢佳. 非物质文化遗产传播路径创新研究[J]. 新闻爱好者，2021（10）：61-63.

[40] 谢文雄. 对外展示真实立体全面的中国[N]. 学习时报，2023-02-20（5）.

[41] 徐晓林，吕殿学，朱国伟. 文化安全视野下的中国教育"走出去"战略[J]. 马克思主义研究，2012（1）：114-122.

[42] 许志强，王雪梅. "一带一路"视域下非遗文化融合发展的模式与

路径研究[J]. 创新，2019，13（3）：48-56.

[43] 杨汝远. 论非遗文化在现代化进程中的守望与传承——以越剧为例[J]. 汉字文化，2021（6）：175-177.

[44] 袁建涛. "讲好中国故事"语境下非物质文化遗产的创新性表达[J]. 湖湘论坛，2021，34（5）：119-128.

[45] 曾贞. 广西非物质文化遗产海外传播与职业教育国际化发展的融合路径[J]. 广西教育，2022（3）：19-21+46.

[46] 章建刚，王亮，等. 山西省民间音乐遗产的传承与保护[M]. 北京：中国社会科学出版社，2007：106-107.

[47] 赵秋丽. 让"非遗"产品漂洋过海[N]. 光明日报，2013-01-22.

[48] 中国网. 首批国家非遗"泥人张"亮相中国美术馆[EB/OL]. （2021-07-30）[2023-06-05]. https://baijiahao.baidu.com/s?id=1706691482123786028&wfr=spider&for=pc.

[49] 中国文化网. 中国非遗走出去[EB/OL].（2018-07-13）[2023-06-05]. https://www.sohu.com/a/241033008_534796.

[50] 周存. 以茶为媒，中国广东非遗文化和旅游交流活动在新加坡举办[EB/OL].（2023-05-22）[2023-06-05]. https://www.sohu.com/a/677804118_222493.

[51] Xuemin Bao, Shengnan Yu. Research on new media protection for intangible cultural heritage from the perspective of communication[C]// International Conference on Contemporary Education, Social Sciences and Ecological Studies（CESSES 2018）. Atlantis Press, 2018: 626-629.

[52] Dang Q, Luo Z, Ouyang C, et al. Intangible cultural heritage in China:

a visual analysis of research hotspots, frontiers, and trends using citeSpace[J]. Sustainability, 2021, 13(17): 9865.

[53] Hammou I, Aboudou S, Makloul Y. Social media and intangible cultural heritage for digital marketing communication: Case of Marrakech crafts[J].Sunny Stute University, 2020.

[54] Li L. Cultural communication and diversity along the Grand Canal of China: a case study of folk songs in intangible cultural heritage[J]. Heritage Science, 2023, 11(1): 66.

[55] Liu X. International communication of intangible cultural heritage in central plains: a case study of Chinese Wushu[J]. International Journal of Social Sciences and Humanities, 2018, 2(3): 196-204.

[56] Wang S, Fu R. Research on the influencing factors of the communication effect of Tik Tok short videos about intangible cultural heritage[C]// Advances in Creativity, Innovation, Entrepreneurship and Communication of Design: Proceedings of the AHFE 2020 Virtual Conferences on Creativity, Innovation and Entrepreneurship, and Human Factors in Communication of Design, July 16-20, 2020, USA. Springer International Publishing, 2020: 275-282.

[57] Xie M, Zhu R. The communication of intangible cultural heritage of museum from the space perspective[C]//2nd Annual International Conference on Social Science and Contemporary Humanity Development. Atlantis Press, 2015: 84-88.

[58] 王育生. 风景这边独好——浙江京剧团剧目建设和市场开拓之路初

探[J]. 中国戏剧, 2008（12）：30-32.

[59] 王海文. 从梅兰芳访美演出看当前京剧艺术"走出去"的困境与出路[J]. 对外经贸实务, 2013（7）：78-87.

[60] 吴元新. 传统蓝印花布的现状[J]. 中国文化报, 2011.

[61] 李云, 刘肖健. 青出于蓝：蓝印花布印染技艺二代传承人吴灵姝[J]. 装饰, 2019（3）：5.

[62] 吴元新. 人大代表风采吴元新：让蓝印花布走进千家万户[EB/OL]. （2022-12-20）[2023-07-13].http://http://nt.jsjc.gov.cn/yw/202212/t20221220_1465665.shtml.

[63] 吴丹. 马尾绣非遗传承人桃花妈妈, 飞针走线逆转命运[EB/OL]. （2022-02-08）[2023-07-13].https://baijiahao.baidu.com/s?id=1724183566143953053&wfr=spider&for=pc.

[64] 周忠能, 韦恩雪, 陈明珠. 三都举办2023年度民族文创产品成果会展活动[EB/OL].（2023-07-03）[2023-07-13].https://baijiahao.baidu.com/s?id=1770390485954691180&wfr=spider&for=pc.

[65] 孟佳, 骆飞, 赵珮然. 非遗"出圈"的N种可能[EB/OL].（2023-06-10）[2023-07-13].https://baijiahao.baidu.com/s?id=1768315747248593466&wfr=spider&for=pc.

[66] 陈麟. "三百亿"图书出版集团突破10家, 出版物纯销售创史上之最[N]. 中国出版传媒商报, 2023-03-15.

[67] 陈新刚. 全媒体时代下非物质文化遗产类图书出版探索[J]. 新西部, 2022（2-3）：128-130.

[68] 短视频为非遗"出海"扬起风帆[J]. 半月谈, 2023.

[69] 韩翠花. 类书与丛书在文化传播上的不同作用[J]. 中国典籍与文化，1998（3）：58-62.

[70] 和龑. 对"中国出版走出去"若干问题的思考[J]. 中国编辑，2010（6）：19-22.

[71] 刘蓓蓓. "丝路书香出版工程"8年立项项目浅析[N]. 中国新闻出版广电报，2023-06-14.

[72] 刘建明，王泰玄，谷长岭，等. 宣传舆论学大辞典[M]. 北京：经济日报出版社，1993.

[73] 尉红琛. 悄然变化的翻译世界[N]. 今日中国，2023-04-04.

[74] 习近平. 讲好中国故事，传播好中国声音，展示真实、立体、全面的中国（习近平讲故事）[N]. 人民日报，2021-12-30.

[75] 习近平. 习近平谈中华优秀传统文化：善于继承才能善于创新[N]. 新华网，2017-02-14.

[76] 习近平. 习近平对非物质文化遗产保护工作作出重要指示[N]. 新华社，2022-12-12.

[77] 许旸. 跳出"口传心授"，数字赋能非遗"活"下去、"潮"起来[N]. 文汇报，2023-05-10.

[78] 王明玉，王思北. 我国翻译及语言服务从业人员规模突破600万[N]. 新华社，2023-04-04.

[79] 王思北，余俊杰，邓瑞璇. 为讲好新时代中国故事汇智聚力——新媒体时代的国际传播创新分论坛综述[N]. 新华网，2023-06-09.

[80] 王文彬，隋欣. 非遗主题图书对外译介与传播的问题与对策[J]. 辽宁经济职业技术学院·辽宁经济管理干部学报，2022（6）：41-

43+62.

[81] 余一鸣.《北上》，带你从不同视角了解大运河[N]. 南京日报，2022-06-22.

[82] 曹政. 文旅部：大运河沿线国家级非遗代表性项目有400余项[N]. 2020-09-27.

[83] 冉晓宁. TikTok助力非物质文化遗产海外走红[N]. 新华网，2022-06-13.

[84] 中国非物质文化遗产网·中国非物质文化遗产数字博物馆. [2023-07-10].https://www.ihchina.cn/directory_list.html.

[85] 中共中央办公厅　国务院办公厅印发. 关于进一步加强非物质文化遗产保护工作的意见[Z]. 2021-08-12.

[86] 甄云霞. "一带一路"国际出版合作十周年综述[N]. 中国新闻出版广电报，2023-06-14.

[87] 左志红. 出版发行业数据：版权贸易逆差持续缩小[N]. 中国新闻出版广电报，2022-10-18.

[88] 国家新闻出版署出版专业资格考试办公室. 出版专业基础·初级（2020年版）[M]. 武汉：崇文书局，2020.

[89] 国家新闻出版署出版专业资格考试办公室. 出版专业实务·初级（2020年版）[M]. 武汉：崇文书局，2020.

[90] 国家新闻出版署出版专业资格考试办公室. 出版专业基础·中级（2020年版）[M]. 北京：商务印书馆，2020.

[91] 国家新闻出版署出版专业资格考试办公室. 出版专业实务·中级（2020年版）[M]. 北京：商务印书馆，2020.

[92] 方卿，许洁等. 出版学基础[M]. 武汉：武汉大学出版社，2022.

[93] 吴平，芦珊珊，张炯. 编辑学原理[M]（第二版）. 武汉：武汉大学出版社，2021.

[94] 彭兰. 网络传播概说[M]（第5版）. 北京：中国人民大学出版社，2023.

[95] 方卿，姚永春. 图书营销学教程[M]. 长沙：湖南大学出版社，2008.

图书在版编目（CIP）数据

非遗"走出去"现状分析与未来路径 / 李清霞主编. -- 北京：北京出版社，2025.2
ISBN 978-7-200-18313-9

Ⅰ．①非… Ⅱ．①李… Ⅲ．①非物质文化遗产—文化传播—研究—中国 Ⅳ．①G122

中国国家版本馆CIP数据核字（2024）第007730号

非遗"走出去"现状分析与未来路径
FEIYI "ZOU CHUQU" XIANZHUANG FENXI YU WEILAI LUJING

李清霞　主编

*

北　京　出　版　集　团　出版
北　京　出　版　社
（北京北三环中路6号）
邮政编码：100120

网　　　址：www.bph.com.cn
北 京 出 版 集 团 总 发 行
新　华　书　店　经　销
北京华联印刷有限公司印刷

*

165毫米×235毫米　13.75印张　158千字
2025年2月第1版　2025年2月第1次印刷
ISBN 978-7-200-18313-9
定价：78.00元
如有印装质量问题，由本社负责调换
质量监督电话：010-58572393